GIACOMO BRUNO

MARKETING FORMATIVO

Il Primo Sistema di Funnel Marketing Educativo per Acquisire Clienti da Facebook, Formarli al Valore dei Tuoi Servizi e all'Unicità del Tuo Business

Dedico questo libro al tuo business!

Titolo

"MARKETING FORMATIVO"

Autore

Giacomo Bruno

Editore

Bruno Editore

Sito internet

www.marketing-formativo.it

Sommario

INTRODUZIONE

Innanzitutto grazie. Perché con 23.000 prenotazioni prima della pubblicazione e in sole 6 ore dal lancio, questo libro è diventato Bestseller n.1 sulla classifica globale di Amazon: *il libro più scaricato d'Italia.* È il segno che il mondo del marketing è cambiato e chi ha un business ha bisogno di aggiornarsi.

Anche io sono un imprenditore. Mi chiamo *Giacomo Bruno* e da anni aiuto gli altri imprenditori a raggiungere più clienti. Insegno loro come formarli al valore dei propri prodotti/servizi e all'unicità del proprio business, attraverso sistemi di Marketing Formativo.

Molti mi conoscono per aver portato gli ebook in Italia nel 2002, circa 10 anni prima di qualsiasi altro editore. Una delle mie aziende, la Bruno Editore, è stata la prima casa editrice al mondo specializzata in ebook per la formazione.

Giacomo Bruno non è soltanto un editore. Viene definito il "Papà degli e-books", perché è stato tra i primi a portarli in Italia

GIACOMO BRUNO, IL PAPÀ DEGLI E-BOOKS: "SE VOLETE DIVENTARE SCRITTORI DOVETE DIVENTARE DEI MAGHI DEL MARKETING ONLINE."

A differenza delle web agency, posso davvero aiutarti a costruire un sistema di acquisizione clienti e vendita online per il tuo business. Perché tutto quello che ho imparato su come fare funzionare un'impresa e come portarla al successo non l'ho letto sui libri ma l'ho provato sulla mia pelle e sulla pelle delle mie aziende.

Se sei un imprenditore come me, sai bene cosa vuol dire avere un'azienda. Avere un'idea, credere in un progetto, portarlo sul mercato. Fantastico. Però poi ti scontri con la dura realtà: lavori 16 ore al giorno, weekend inclusi, e mentre gli altri se ne vanno in vacanza, tu sei a lavoro. Ti occupi di gestire i problemi interni (dipendenti, ufficio, costi fissi) ed esterni (marketing, vendite, amministrazione...). E come se non bastasse, arriva anche la "crisi" e le vendite si dimezzano. Sebbene abbia sempre saputo gestire e prevenire questi problemi, so cosa vuol dire non dormire di notte per la propria azienda. Un consulente esterno o una web agency non ci sono mai passati da qui, e tantomeno lo faranno mai per le nostre aziende.

Ho avviato business in vari settori: immobiliare, editoria,

formazione, marketing. Ovunque la crisi si è fatta sentire. Gli editori sono letteralmente in ginocchio. Le immobiliari hanno smesso di incassare ma continuano a pagare grossi interessi sui prestiti bancari. Il mondo della formazione è diventato un lusso che in pochi si possono permettere. Cosa ho fatto quando il mercato ha iniziato a bloccarsi? Ho cominciato a studiare le mie aziende e a trovare i punti in comune.

Ho scoperto che non è il settore a fare la differenza. Perché siamo tutti in un unico settore: quello del Marketing Formativo.

Cosa è il Marketing Formativo?

Come avrò modo di spiegarti nel corso del libro, è un Sistema di Marketing attraverso il quale un'azienda può trasformare semplici sconosciuti in clienti fidelizzati, formandoli al valore dei propri prodotti/servizi e all'unicità del proprio business. Tutto parte dall'acquisizione clienti. Acquisire clienti significa avere un flusso costante di nuove persone nel tuo business.

Come fare? Internet offre la possibilità di generare flussi costanti di clienti. Personalmente, ho iniziato ad utilizzare la rete sin dal 1997. Fu allora che creai il mio primo business online. Quello che ho fatto successivamente è stato prendere i miei 20 anni di esperienza e portarli nelle mie aziende.

Il risultato è stato incredibile: ho risollevato in poche settimane (non mesi o anni) tutti i miei business, indipendentemente dal settore. Editoria, formazione, immobiliare.

Ho venduto ebook per più di 10.000.000 di euro via internet.

Grazie al sistema online che avevo creato, la mia casa editrice ha registrato aumenti di fatturato del 318%. E il numero di clienti è aumentato a dismisura. Soprattutto, ho preso il controllo totale sul flusso di clienti. Oggi decido io quanti clienti avere. Lo faccio per me, per le mie aziende, per i miei Autori e per quegli imprenditori che partecipano ai miei Master in Marketing Formativo.

Addirittura, è successo anche che uno dei miei clienti abbia dovuto rallentare il sistema perché aveva troppi clienti e non riusciva a gestire le richieste. È uno di quei problemi che qualsiasi imprenditore vorrebbe avere. Ma attenzione: non è un sistema basato sugli sconti tipo "Coupon" dove il prezzo basso attira gente di basso livello. Parliamo di un sistema che educa il cliente al valore dei tuoi prodotti o servizi al punto di avere margini molto più alti rispetto alla concorrenza.

Quanto vale avere un sistema che porta nel tuo business un flusso costante di clienti di alta qualità? Non te lo devo dire io, già lo sai. Ma puoi leggere le opinioni di chi ad esempio ha scelto di scrivere un libro per educare i propri clienti ed applicare questo sistema all'interno della propria azienda: https://www.brunoeditore.it

Nessuno meglio di altri imprenditori come te e me possono dirti come è decollato il loro business dopo avere applicato questo sistema di Marketing Formativo nella loro attività. Capisci facilmente che è un modo diverso di lavorare, da imprenditore a imprenditore, da chi su questi problemi ci è già passato e ha già trovato un modo di risolverli.

D'altra parte non ci sono altre soluzioni. Il Passaparola è morto.

Non funziona più, in quanto non porta un numero sufficiente di clienti per sostenere il business. Non è controllabile. Invece noi siamo imprenditori e abbiamo bisogno del controllo sui numeri.

E prima che mi chiedi se funziona anche nel tuo settore, lascia che ti dica una cosa: SÌ, funziona anche nel tuo settore. Qualsiasi esso sia.

Buona lettura,

Giacomo Bruno

Capitolo 1:
Come Ripartire da Zero
per Rilanciare il Tuo Business

1.1 Sai perché molti Business sono in crisi?

Oggi molti business sono in crisi perché solo il 5% delle imprese viene progettato da un imprenditore, mentre il 95% viene creato da zero da singoli tecnici bravi nel loro settore ma che non hanno alcuna competenza imprenditoriale.

Ti faccio un esempio: il pizzaiolo del ristorante che fa delle pizze buonissime e apprezzatissime. Vede che la pizzeria per cui lavora ha un enorme successo grazie alla sua cucina. È consapevole di essere bravo e di essere parte di quel successo. Peccato che prenda 800 euro al mese per svolgere questo lavoro.

A un certo punto decide quindi di mettersi in proprio. L'Italia è piena di persone che vogliono mettersi in proprio, pensando che sia facile e redditizio.

E questo è il guaio, il motivo principale per cui il 90% delle aziende fallisce entro 5 anni, e un ulteriore 90% delle sopravvissute fallisce nel giro dei successivi 5 anni. Quindi, entro 10 anni, il 99% delle aziende non esiste più.

Qual è il problema? Che il nostro pizzaiolo è sì tanto bravo a fare pizze, ma non sa nulla di come mettere in piedi una pizzeria. Non sa nulla di gestione del personale. Non sa nulla di marketing né di come portare le persone a mangiare nel suo locale.

Così si ritrova con una pizzeria vuota, un mare di debiti e una famiglia in rovina. Entro 10 anni questo sarà il suo destino.

Il 99% delle aziende soffre la crisi perché create da "tecnici" bravi nel loro mestiere ma privi di capacità imprenditoriali.

Alcuni nascono Imprenditori. Ma per tutti gli altri c'è solo una strada. Ed è quella di *diventare imprenditore*. Di capire i meccanismi che regolano le leggi del mercato e la progettazione di aziende, di apprendere la capacità di staccarsi dall'azienda per renderla indipendente. Io parlo da imprenditore. E non ci sono nato. Lo sono diventato negli anni, con le esperienze, con gli errori e le bastonate. E con la formazione, i libri, i corsi, i mentori. E con l'esempio dei migliori imprenditori italiani che ho conosciuto in questi anni.

Facciamo un passo indietro. A 20 anni, mentre preparavo un esame per Ingegneria, dovevo comprare il mio primo computer. Era il 1997. Iniziai a navigare su internet ma non mi accontentavo di raccogliere informazioni. Volevo avere un ruolo attivo in questo mondo magico. Così iniziai a creare siti web su qualsiasi argomento: musica, videogiochi, cellulari. Alcuni sbocciarono letteralmente.

Ero bravo, per qualcuno ero il "genietto del computer", e così creai la mia prima società. Su internet è più facile: non hai dipendenti, la gestione è molto semplice, e puoi automatizzare molte procedure.

Il risultato fu che a 25 anni avevo un'entrata automatica da 50.000 euro al mese. Il sito di cellulari aveva milioni di pagine visitate al mese e grosse aziende di servizi telefonici e suonerie investivano centinaia di migliaia di euro all'anno per inserire i loro banner pubblicitari sul mio sito. Fantastico.

Il mio lavoro era stato progettato con intelligenza ed era completamente automatizzato: meno di un'ora al giorno per pubblicare le ultime news e inserire le schede dei nuovi cellulari in uscita. Le recensioni dei telefonini erano inviate direttamente dagli utenti, io dovevo solo approvarle. In pratica avevo inventato il web 2.0 senza saperlo, molti anni prima dell'avvento dei blog, di YouTube e dei social network.

Tutti noi sappiamo che oggi i banner pubblicitari hanno una resa vicina allo zero e le cifre investite in questo strumento sono drasticamente crollate. Oggi funzionano gli annunci su Facebook, su Google e sugli altri motori di ricerca. Ma non è solo questo che ha buttato giù la mia prima redditizia impresa.

Cosa avrei dovuto fare per stare al passo con i tempi, con i concorrenti, con il mercato? Avrei dovuto fondare un'impresa di persone che, inizialmente guidate da me, avrebbero dovuto gestire i contenuti del sito, arricchendolo sempre di più e rendendolo non copiabile. Avremmo dovuto lavorare su un sistema di marketing per acquisire costantemente nuovi clienti.

Il bravo imprenditore non è tenuto a sapere fare tutto, anzi la sua qualità più grande è sapersi circondare di persone che ne sanno più di lui e possano svolgere al meglio un determinato lavoro.

Magari avrei dovuto investire quelle prime rendite nel trovare il miglior esperto di web marketing, il miglior esperto di SEO e dei bravi copywriter per gestire i contenuti del sito. Mi sarebbe costato? Sì, ma mi avrebbe permesso non solo di rimanere in piedi, ma anche di crescere ancora e magari triplicare i guadagni.

Non sto dicendo che è facile, tutt'altro: è molto impegnativo.

Dopo anni di studi appassionati sulla formazione, creai il sito di www.autostima.net, in cui volevo condividere le lezioni che avevo imparato dai grandi maestri americani. Non aveva alcuna finalità di business, quindi ancora una volta era un'azienda non progettata. Era semplicemente la mia passione, il mio hobby e il settore mi piaceva molto.

Volevo condividere tutto quello che imparavo. Bastava registrarsi sul sito per accedere a intere guide gratuite e ai primi ebook. Non avevo particolari obiettivi; il sito era lì, senza troppe pretese e senza i tanti visitatori a cui ero abituato in altri settori. Certo non potevo pretendere che la formazione potesse attirare lo stesso numero di persone che ero stato capace di attirare con i telefoni cellulari, i videogiochi e la musica. Però mi piaceva e ci credevo.

Il sito diventò un'impresa nel momento in cui iniziai a fare lezioni in aula. Tenevo corsi di formazione sulla comunicazione, sulla PNL e sulla seduzione. Infatti il mio primo libro, "Seduzione", diventò un caso editoriale e vendette migliaia di copie, quindi automaticamente mi trovai decine di richieste e le aule piene.

Da lì la visione più ampia: avevamo bisogno di un ufficio, di personale, di un consulente del lavoro, di contratti, di una linea telefonica dedicata, computer, stampanti e così via. Un'azienda in piena regola. Da lì non ci siamo più fermati.

Ho passato gli ultimi 20 anni non più sul prodotto - gli ebook - bensì sul *sistema-azienda*: il brand dell'azienda, la selezione e gestione del personale, gli obiettivi e la mission, gli indicatori di performance, il manuale operativo con le procedure. E tanto altro ancora che ho imparato in questi stessi anni. Perché se non fai questo, allora blocchi la tua stessa azienda.

La crisi arriva perché in molte aziende il proprietario diventa il collo di bottiglia.

Dunque la grande lezione è stata quella di capire che l'imprenditore non deve lavorare *nell'azienda*, diventandone il collo di bottiglia, ma *sull'azienda*, occupandosi del sistema, delle performance e del marketing.

Il tecnico deve trasformarsi in imprenditore, e delegare la produzione a terzi.

Al contrario, gli imprenditori di oggi, quelli in crisi, continuano a seguire la produzione, di cui sono esperti e appassionati, e trascurano il marketing, che è invece l'unico modo per portare l'azienda in alto.

Ciò non vuol dire che devi fare tu il marketing operativo, ma devi essere TU a conoscere le strategie di marketing, decidere la direzione e solo dopo delegare la parte tecnico-operativa a qualche esperto.

Non puoi lasciare che sia il ragazzo del marketing a decidere il futuro tuo e della tua azienda.

Cosa significa oggi fare marketing? Significa sapere rispondere a queste 3 semplici domande:

1. *Dove trovare i clienti?*

2. *Come portarli nel tuo business?*

3. *In che modo chiudere le vendite?*

Ora, per aggiornare le tue conoscenze in materia, puoi seguire qualche Master o leggere qualche libro. Oppure puoi chiedere consiglio a qualche esperto del settore che abbia per lo meno raggiunto già buoni risultati.

Qui, come hai visto, qualche risultato lo abbiamo ottenuto e di risposte a quelle tre domande ne abbiamo parecchie da darti nei prossimi capitoli. Ma prima capiamo e analizziamo quali sono i reali problemi che l'imprenditore deve affrontare per fare ripartire il suo business.

1.2 I cinque problemi distruttivi che un imprenditore deve risolvere per avere successo

Vendere è sempre più difficile. Questo è un dato di fatto. Eppure alcune aziende trionfano, mentre altre falliscono. Molti imprenditori si chiedono come portare nuovi clienti verso la propria attività, in un mondo nel quale competitor sempre più agguerriti fanno della guerra di prezzo la loro strategia più potente. In questo paragrafo ti mostrerò i 5 problemi più duri da affrontare e le rispettive soluzioni.

Ti è mai capitato di avere paura di perdere il controllo del tuo business e quindi di dovere chiudere la tua attività e di dovere licenziare i tuoi dipendenti, persone che lavorano con te da una vita, di guardare queste persone negli occhi e dire loro che purtroppo non c'è niente da fare?

Se anche tu ti riconosci in questo triste scenario che purtroppo molti imprenditori oggi condividono, capisci che alla base ci sono problemi strutturali, problemi che molti ancora non comprendono a fondo ma che possono davvero distruggere non solo la tua attività, non solo il tuo business, ma anche il futuro delle persone che ti sono accanto.

I problemi cui faccio riferimento sono ben cinque. Tutti importanti, tutti da conoscere al fine di evitare di distruggere la propria attività e quindi il business di una vita. Perché oggi molte cose sono cambiate da quando hai iniziato la tua esperienza imprenditoriale tanti anni fa. Nelle prossime righe, non solo ti mostrerò quali sono questi 5 problemi, ma ti fornirò anche la soluzione per ciascuno di essi.

Problema n°1: vendere è sempre più difficile

So che può sembrare una cosa scontata ma la verità è proprio questa: vendere oggigiorno è sempre più difficile. Un tempo si pensava che vendere fosse un'arte e che i migliori venditori del mondo fossero tali semplicemente grazie a spiccate doti naturali che consentivano loro di generare profitto al di là della tipologia e della qualità del prodotto offerto. Il punto è che oggi come oggi vendere non è più un'arte innata, è una scienza, e come tale può essere appresa e applicata in maniera magistrale.

Ma ancor prima di questo è bene capire che se oggi vendere è più difficile rispetto al passato, il motivo è senza dubbio duplice. Da un lato c'è troppa concorrenza e dall'altro c'è poca differenziazione. Devi sapere infatti che se dal lato del consumatore avere una gamma di prodotti più grande significa avere più varietà di scelta, dal lato di te imprenditore ciò significa che il tuo prodotto che magari un tempo vendevi bene di suo, senza neanche bisogno di fare iniziative pubblicitarie, oggi è più difficile da vendere.

Vuoi sapere qual è la strategia utilizzata dalla maggior parte dei tuoi competitor per generare più fatturato e quindi per vendere di più? Abbassare il prezzo di vendita nella speranza che più persone acquistino da loro. Il problema in questo caso è che spesso e volentieri minor prezzo significa minor qualità, per cui applicando questa strategia potrai sì acquisire più clienti nel breve periodo, ma saranno clienti volatili che probabilmente non acquisteranno più da te.

Altro elemento importante da sottolineare riguarda la differenziazione. Oggi come oggi, nella mente del consumatore e in relazione al tuo mercato di riferimento, tutti offrono la stessa cosa. Ecco perché poi i clienti si affidano all'azienda che offre quello stesso prodotto al prezzo più basso. Non importa se il tuo prodotto sia creato in maniera diversa, se abbia caratteristiche che lo rendono unico e di qualità superiore.

Se non sei in grado di comunicare i tuoi elementi di unicità, il tuo prodotto diventerà una "commodity" nella mente del cliente e a quel punto l'unica strategia che potrai adottare sarà questa: ingaggiare una guerra di prezzo al pari dei tuoi competitor. E noi non vogliamo questo, giusto?

È per questo che con il Marketing Formativo puoi posizionare al meglio la tua unicità nella mente delle persone. Perché solo formando i tuoi potenziali clienti sugli elementi distintivi e di unicità del tuo prodotto o servizio, gli stessi possono capire cosa distingue il tuo prodotto dagli altri e perché scegliere il tuo invece che quello dei competitor a costo di pagare un prezzo maggiore.

Pensa ad esempio alla Apple. Perché secondo te sempre più persone sono portate ad acquistare un iPhone invece che uno smartphone Samsung nonostante il suo prezzo sia relativamente più elevato? Perché Apple ha saputo formare talmente bene i suoi potenziali clienti sulle caratteristiche distintive del suo smartphone (dal lato del design, dell'usabilità, etc...) al punto che non appena esce qualsiasi nuova versione dell'iPhone, le persone non vedono l'ora di spendere centinaia e centinaia di euro per acquistarlo. Non sarebbe bello a questo punto se avessi anche tu migliaia di persone che non vedono l'ora di spendere i loro soldi per il tuo prodotto o per il tuo servizio? La risposta è ovviamente scontata.

Problema n°2: gli acquirenti sono cambiati

Supponiamo che tu debba acquistare una nuova automobile. Quale tra questi due scenari si avvicina più di tutti alla tua quotidianità?

- Scenario 1: guardi uno spot pubblicitario e vai diretto in concessionaria a vedere l'automobile e magari ad acquistarla.
- Scenario 2: guardi uno spot pubblicitario, vai su Internet a cercare informazioni dettagliate a riguardo (magari una video

recensione, una prova su strada, etc) e solo poi, se sei realmente interessato, vai in concessionaria a vederla di persona e magari ad acquistarla.

Sono certo che tra i due scenari proposti quello che si avvicina più di tutti alla tua quotidianità è il secondo. Non importa che il settore in questione sia quello delle automobili piuttosto che quello degli smartphone, degli pneumatici, delle cucine o di qualsiasi altro prodotto. Il punto è sempre e solo uno: le persone vogliono avere *informazioni di valore prima di acquistare* perché non sono più disposte ad acquistare per impulso.

Un tempo, fare marketing con la propria azienda era piuttosto semplice. Chiedevi un prestito ad una banca o a qualche investitore per generare una campagna pubblicitaria che promuovesse il tuo prodotto o servizio, la lanciavi e con il fatto che magari il tuo mercato era caratterizzato da poche aziende realmente di valore, diventare leader di mercato era relativamente alla portata di tutti. Oggi non è più così perché, come dicevamo prima, le persone non vogliono più essere persuase dalla pubblicità. Non si accontentano più di vedere un testimonial famoso che le invogli ad acquistare il prodotto dell'azienda che rappresenta. Oggi i consumatori vogliono di più, vogliono informazioni. Non semplici informazioni, ma veri e propri contenuti di valore.

Hai presente il settore del make-up? Forse non lo sai ma questo settore è uno di quelli più di tendenza su YouTube. Sempre più ragazze in Italia e nel mondo vanno su questo social network per visualizzare recensioni degli ultimi cosmetici lanciati dalle più grandi griffe di moda.

Sai come sono diventate famose dal nulla le Fashion Blogger che ogni anno fatturano milioni di euro grazie ai propri video? Semplicemente creando *contenuti formativi* che hanno come obiettivo quello di recensire proprio questi stessi prodotti di make-up. Il punto è che non solo sono diventate ricche e famose, sono diventate anche delle "influencer", cioè persone capaci di dettare i nuovi trend e di invogliare i propri fan ad acquistare un prodotto invece che un altro.

Non sarebbe bello anche in questo caso se tu riuscissi a creare una serie di contenuti formativi capaci di posizionare la tua azienda come leader di settore e di condividere con i tuoi potenziali clienti gli elementi distintivi che caratterizzano i tuoi prodotti, i tuoi servizi e quindi il brand della tua azienda? Anche in questo caso la soluzione è solo una: attivare una strategia di Marketing Formativo basata proprio sulla condivisione di contenuti formativi.

Problema n°3: i media tradizionali non funzionano più

Ti è mai capitato di ascoltare uno spot pubblicitario fatta da un tuo competitor, ad esempio via radio, e di chiederti: «E se la facessi anche io? Magari riuscirei ad aumentare il numero dei miei clienti». Se anche tu come tanti altri imprenditori, ti sei fatto questa domanda, ecco la brutta notizia: i media tradizionali non funzionano più. Che tu decida di investire in spot radiofonici, sulla carta stampata o meglio ancora in televisione, sappi che questa è la triste verità. Ricorda che l'obiettivo di qualsiasi campagna pubblicitaria, di qualunque tipo essa sia, è di avere un *ritorno misurabile sull'investimento.* Cosa vuol dire questo in termini più precisi?

Supponiamo che tu decida di lanciare una campagna su una rivista di settore dal costo di 10.000 euro. La domanda che da imprenditore devi farti è: quanto ritorno avrò su questo investimento? La verità è che non lo saprai mai a meno che non investi effettivamente quei soldi e non aspetti di vedere i risultati che quella campagna riesce a generare.

Domanda: esiste un modo per scoprire per ogni euro investito in pubblicità quanti effettivamente te ne torneranno indietro? Ovviamente si. La pubblicità su Internet è l'unico sistema veramente efficace per strutturare una campagna basata sui numeri e non sulle stime. Esistono molte piattaforme pubblicitarie online che possono fare al caso tuo. Due sono attualmente quelle più valide: Google Adwords e Facebook Ads, entrambe a pagamento.

Google Adwords è la piattaforma pubblicitaria di Google, il motore di ricerca numero uno al mondo. Attraverso di esso, ciascun imprenditore può acquistare traffico e pagare per ogni persona che clicca sul suo annuncio. *Facebook Ads* è invece la piattaforma pubblicitaria di Facebook, il social network più grande e famoso del mondo. Pensa che grazie ad esso puoi raggiungere milioni di potenziali clienti italiani. Anche in questo caso il funzionamento è simile a quello di Google: acquisti traffico a pagamento e paghi ogni volta che un utente visualizza il tuo annuncio.

Quello che è possibile affermare attualmente è che tra i due, Facebook Ads è il sistema più rapido, efficace ed economico per generare molti click a basso costo. In pochi minuti crei la tua campagna pubblicitaria e dopo aver ricevuto l'approvazione da parte di Facebook, ecco che la tua campagna è subito online. Ovviamente, al fine di generare annunci vincenti (caratterizzati cioè da un basso costo e da un alto tasso di click), è importante imparare a scrivere annunci persuasivi e ad ottimizzarli, cosa che vedremo nei successivi capitoli.

Quel che è certo, tuttavia, è che da un lato, con la classica pubblicità tradizionale (radio, tv, carta stampata) il tuo messaggio verrà letto o ascoltato anche da persone non in target con la tua offerta. Dall'altro, con Facebook puoi raggiungere invece milioni di persone realmente interessate a quello che promuovi, aumentando quindi le tue entrate, il tuo fatturato e allo stesso tempo minimizzando i costi pubblicitari. Senza contare poi che sai esattamente quanto spendi, quanto ti rende quella campagna e quanto stai effettivamente guadagnando per ogni singolo euro speso in pubblicità. Il che è senza dubbio l'obiettivo di qualsiasi imprenditore eccellente.

Problema n°4: i soldi per i budget pubblicitari sono finiti

È un dato di fatto. Pur volendo fare pubblicità, sia essa tradizionale oppure online, professionisti e aziende non hanno a disposizione molti soldi da investire. Pensiamo ad esempio alle piccole medie imprese. Le PMI rappresentano la maggior parte delle aziende italiane. Il loro problema è che soprattutto oggigiorno, facendo così fatica a competere con le altre aziende rivali che si dimostrano sempre più aguerrite, hanno pochi margini da investire in pubblicità. Il che le rende senza dubbio poco competitive nel loro mercato di riferimento.

Poi ci sono le Start Up, quelle aziende cioè che, essendo caratterizzate da un grande elemento di novità, hanno investito gran parte del proprio budget disponibile in innovazione e ricerca.

Queste stesse aziende infatti, data la propria natura innovativa, ancora non hanno generato ricavi e pertanto anche qui l'unica via percorribile è quella di rinunciare ad attivare iniziative promozionali di qualsiasi tipo.

Infine ci sono i professionisti che un responsabile marketing proprio non ce l'hanno. Questa categoria è composta da persone estremamente brave e specializzate nel proprio lavoro ma che purtroppo non hanno la consapevolezza che, per quanto bravi essi siano, i clienti li cercheranno per l'efficacia del loro marketing e raramente per l'eccellenza del proprio lavoro. Questo perché i clienti comprendono l'eccellenza del tuo lavoro solo dopo averlo provato e toccato con mano. Ma se non sanno che esisti perché il tuo marketing è carente, allora non c'è speranza.

Come puoi ben capire, quindi, il marketing viene prima di tutto. Senza una corretta strategia, non solo non puoi acquisire nessun nuovo cliente, ma il tuo business sarà verosimilmente morto in 12 mesi. E questo non lo dico io, lo dicono le statistiche ufficiali. È per questo motivo che non puoi assolutamente pensare che basti affidarsi al passaparola o ad altri strumenti di questo tipo per generare nuovi clienti, semplicemente perché oggi non funzionano più.

Il tuo obiettivo da qui in avanti dev'essere quello di utilizzare strumenti avanzati ed automatizzati di Marketing Formativo che ti consentano di generare un flusso continuo di nuovi clienti a basso costo o addirittura a costo zero. Strumenti che una volta attivati ed impostati in maniera corretta, ti consentano di rendere il tuo business automatizzato e scalabile, in modo tale da raggiungere un numero sempre maggiore di nuovi clienti, aumentando così profitti e vendite.

Problema n°5: la qualità del prodotto è sempre meno rilevante
Ecco una domanda interessante: «Sai fare un hamburger meglio di Mc Donald?». Credo di immaginare già la tua risposta. Allora perché se sai fare un panino meglio di Mc Donald, non sei ricco come questa azienda? Ti sei mai chiesto perché in tantissimi settori il leader di mercato non è l'azienda che crea il prodotto di migliore qualità? La risposta è contenuta in questa parola: marketing.

Quello che devi sapere è che la qualità del prodotto oggigiorno vale sempre di meno. Questo non vuol dire che devi fare prodotti di scarsa qualità. Significa piuttosto che da bravo imprenditore devi spostare il tuo budget sul fare marketing di qualità.

Riflettici un attimo. Se investi il tuo budget per creare un prodotto eccellente ma che nessuno compra perché nessuno lo conosce, è un problema perché non riesci a venderlo. Se invece investi il tuo budget per fare un marketing eccellente che ti porta più vendite e profitti, allora sì che puoi investire ancora di più sulla qualità del prodotto.

Quello che voglio dire è che da imprenditore l'obiettivo tuo e della tua azienda consiste nel generare profitti, proponendo al mercato un prodotto che sia nel tempo sempre migliore e quindi sempre più di valore. Ma per farlo, devi prima investire denaro per fare un marketing eccellente e con i profitti generati investire poi sulla qualità del prodotto, non viceversa.

A fronte di questi cinque problemi appena esposti, se vendere è diventato sempre più difficile, se gli acquirenti sono cambiati nel tempo, se i media tradizionali non funzionano più, se i budget pubblicitari sono sempre più piccoli e se la qualità del prodotto vale sempre di meno, qual è la soluzione? Ce n'è solo una: il Marketing Formativo.

La parola Marketing Formativo è composta da due parole: "marketing" e "formativo". Marketing, perché stiamo parlando di una strategia per acquisire nuovi clienti. Formativo, perché alla base di tutto c'è un processo che permette di formare ed informare i clienti sulle caratteristiche ma prima ancora sui benefici dei tuoi prodotti o servizi, rispondendo alle loro reali esigenze di oggi.

Uno dei punti di forza del Marketing Formativo è che a differenza della pubblicità tradizionale, esso richiede budget davvero molto bassi ed è quindi alla portata di professionisti e piccole e medie imprese. Non hai bisogno di chiedere un mutuo o di ipotecare la tua casa per lanciare una campagna di lancio.

Che tu ci creda o meno, bastano poche centinaia di euro per raggiungere milioni di persone in tutta Italia e, con un sistema del genere in mano, un'azienda anche di sole cinque persone potrebbe acquisire più quote di mercato di un'azienda di 500 persone.

Perché dico questo? Perché con la mia casa editrice è andata proprio così. Quando nel lontano 2002 fondai la Bruno Editore, grazie all'aver creato da zero una nuova nicchia di mercato (quella degli ebook per la formazione) siamo riusciti a conquistare fino al 90% del mercato degli ebook, laddove i grandi colossi dell'editoria non erano riusciti a vendere neanche una copia dei loro primi libri digitali.

Come ci siamo riusciti? Semplice, applicando le strategie di Marketing Formativo. Pensa che quando abbiamo iniziato a vendere ebook formativi, moltissimi clienti ci richiedevano risorse per approfondire l'argomento e spesso e volentieri anche corsi avanzati. Immagina, ad esempio, di leggere un libro sulle tecniche di Lettura Veloce. Ti piace, ti appassiona, ti formi su un argomento che non conoscevi e vedi che le tecniche funzionano davvero. Ci può stare che hai voglia di seguire un corso in aula su questo tema, giusto? In questo modo ho scoperto che i nostri ebook formavano le persone fino a renderle fan di quello specifico argomento.

Questo è un elemento interessante, perché i nostri prodotti stavano diventando il trampolino di lancio per prodotti ancora più costosi, come ad esempio i corsi in aula. Così facendo è nato il Marketing Formativo.

Insomma, attraverso l'educazione e la formazione puoi davvero conquistare qualsiasi mercato. Non importa se la tua azienda sia piccola o grande. Non importa in quale settore ti trovi ad operare. Non importa se il tuo budget da destinare in pubblicità sia di grande o piccola dimensione. Il segreto del successo è solamente uno: più i tuoi clienti saranno formati ed educati verso i tuoi prodotti e servizi, maggiore sarà il risultato economico che riuscirai a generare. Perché ricorda, l'obiettivo del marketing non è generare una vendita, ma generare un nuovo cliente. Con il Marketing Formativo ci sono riuscito per tutte le mie aziende e per quelle dei miei clienti, per cui nulla ti vieta di fare lo stesso con il tuo business nel tuo settore di riferimento.

1.3 Il passaparola è morto
Abbiamo visto quali sono i problemi principali che i moderni businessmen devono affrontare. Eppure sento ancora imprenditori

bloccati a lamentarsi della crisi senza fare un passo. Cosa sta succedendo?

Non lo sanno neanche loro. Provano a spiegarmi che il prodotto non si vende, nonostante l'alta qualità o l'orientamento al cliente. Se hanno venditori, mi dicono che è colpa loro, che fanno molti contatti ma poi non li chiudono, che loro sono nel settore giusto e così via.

Mi dicono *"L'azienda non funziona più come prima, i numeri sono calati, i clienti sono sempre di meno."*. Al contrario invece delle spese fisse che non sono diminuite affatto.

La domanda che faccio è sempre la stessa:
"Come arrivano i clienti sul tuo Business?"
E purtroppo anche la risposta è sempre la stessa:
"Con il passaparola".
No. Il passaparola è morto.

Non siamo più negli anni Novanta, quando bastava un'idea decente e un prodotto di qualità per fare soldi e vendite. Oggi la concorrenza è super agguerrita, i clienti sono bombardati da messaggi pubblicitari, e la scelta è vastissima.

Ora può anche essere che tu abbia davvero un bel prodotto o servizio e che i tuoi clienti siano fidelizzati. Parlano anche bene di te e della tua azienda. Ma i numeri sono lo stesso in calo. È un dato di fatto evidente a tutti.

Se hai un business, qualsiasi sia il tuo settore, c'è una regola da rispettare:

"In qualsiasi business devi avere il CONTROLLO TOTALE del processo di acquisizione dei clienti. Altrimenti sei morto."

Eh? E cos'è il processo di acquisizione dei clienti*?*

È per questo che sei nei guai oggi.

L'acquisizione clienti (o *"Lead Generation"* in inglese) è quel sistema attraverso il quale i clienti arrivano da te.

Il passaparola porta pochi clienti ed è senza controllo.

È certamente uno strumento di acquisizione, peccato che non puoi decidere tu quando le persone parlano bene di te, quante sono e a quante lo dicono. Nemmeno puoi decidere cosa dicono e come portarli nel tuo business.

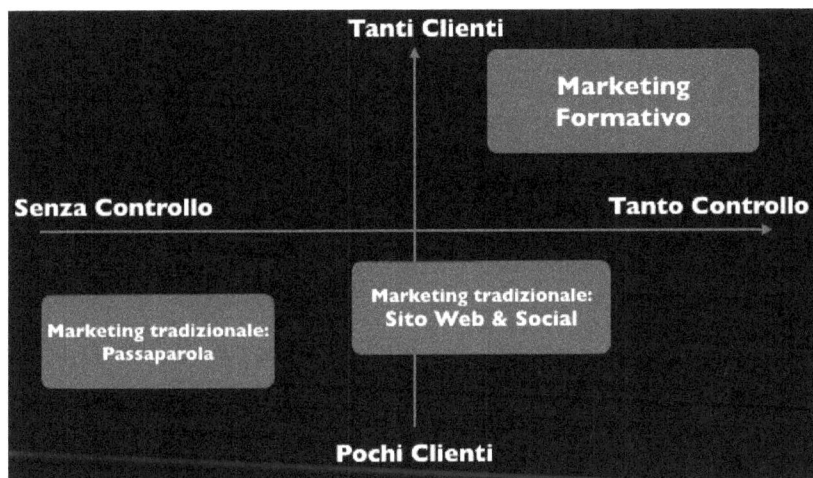

Non che il sito web tradizionale sia la soluzione definitiva. Ma prima di spiegarti la differenza tra il passaparola, il sito web e il sistema di Marketing Formativo, voglio ricordarti una cosa che conosci bene.

Un imprenditore vuole il controllo dei propri numeri.

Non puoi lavorare senza numeri.

Quante persone ogni mese arrivano sul tuo business?

Se hai un sito, quanti visitatori hai? Quanti diventano clienti?

Se hai un negozio, quante persone entrano ogni mese?

Se fai business nel network, con quante persone parli ogni mese?

I numeri sono fondamentali.

In genere noi imprenditori guardiamo solo il fatturato mensile. Una volta al mese apriamo i nostri report (se li abbiamo) e vediamo come sono andate le vendite. Questo più o meno lo fanno tutti gli imprenditori.

E sai cosa succede quando vedi questi numeri in calo? Ti senti male. Nella tua testa inizia a formarsi un trend negativo, che tu lo voglia o no. Inizi a pensare: «Ma se questo mese ho fatto -10% rispetto al mese scorso, e questo trend continua per altri mesi, a fine anno la mia azienda ha chiuso.»

Lo so perché è successo a me su alcuni progetti ed è successo a tanti miei clienti imprenditori. Parliamo di imprenditori che hanno aziende decennali, con una storia importante alle spalle. Ma anche loro invecchiano. Anche le aziende invecchiano. Il passaparola non funziona più. E se noi non le rinnoviamo, facciamo la fine di Blockbuster. Oggi ci sono grandi opportunità per chi si aggiorna (e grandi rischi per chi non lo fa).

Ricordi Blockbuster? È stata la più grande catena mondiale di home video, videocassette e Dvd. C'è stato un momento in cui era Blockbuster a decidere quali film avrebbero avuto successo al cinema. Un potere incredibile.

Poi è arrivato internet. E BlockBuster non ha fatto niente. Non si è aggiornato. Non ha innovato.

Ha permesso che lo facessero altri (Netflix, Amazon, Sky) e nel giro di pochi anni è fallita. Chiusi centinaia di punti in tutto il mondo. Oggi i film arrivano via internet, on demand, senza costi aggiuntivi e senza problemi di resa in negozio.

TU cosa stai facendo? Ti stai aggiornando?

Avere un canale online per il tuo business è essenziale e ha salvato la vita di centinaia di imprenditori che ho direttamente aiutato con i miei sistemi di formazione e acquisizione clienti.

Il passaparola è morto. Molti business tradizionali sono morti. Internet è la risposta e ti permette di creare un flusso costante di clienti per il tuo business. Purtroppo decidere di andare online non basta. Bisogna anche avere gli strumenti giusti, perché oggi siamo bombardati anche di offerte di marketing di ogni tipo. E l'ultima cosa che voglio è che butti tempo e denaro su progetti sbagliati.

Perché? Durante un corso di formazione sulla pianificazione degli obiettivi mi hanno detto una cosa che mi è rimasta molto impressa. Ed è questa:

- *Prima di salire sulla scala del successo, verifica che sia poggiata sulla parete giusta.* -

Il concetto è che prima di mettere i tuoi soldi in mano alla prima web agency per farti fare il "sito web" cerca di informarti su come funziona il marketing online e cosa è che funziona realmente.

Non farti creare il "sito web tradizionale", perché non funziona.

Non regalare 5.000/10.000 euro alla prima web agency incompetente. Non farti prendere in giro da chi ti garantisce il primo posto su Google. Sono tutte bugie. Se devi spendere 5.000/10.000 euro per creare il sito tradizionale, allora risparmia quei soldi e rimani offline. Continua con il passaparola finché regge. Almeno avrai 10.000 euro in più per sostentare la tua famiglia.

Ciò che funziona oggi in Italia è un sistema basato sulle *Optin-Page*. Pagine web nelle quali i tuoi contatti ti lasciano il loro indirizzo email e diventano tuoi potenziali clienti, pronti ad essere formati sulla tua offerta, sui tuoi prodotti e servizi.

Quello che conta alla fine è solo quante vendite conclude la tua azienda. Se vuoi dei risultati concreti, se vuoi dei numeri su cui avere il controllo, allora questo strumento è assolutamente il più indicato per il tuo business, qualsiasi sia il tuo settore.

Peraltro, questo strumento rappresenta solo una parte di quel sistema di acquisizione clienti basato sul Marketing Formativo.

La cosa interessante comunque è che le *Optin-Page* si possono creare da zero in pochi minuti, a costi irrisori, anche se non sei un tecnico o un webmaster. Ne parleremo più avanti nel testo.

1.4 Funziona anche nel tuo settore?

È assolutamente la domanda più gettonata che gli imprenditori mi fanno dopo aver scoperto il nostro sistema di Marketing Formativo.

Dopo aver letto il libro o aver visto i video gratuiti sul nostro blog, piuttosto che aver letto qualche articolo, la domanda sorge spontanea. Tutto bello, tutto efficace, ma funzionerà anche per me che mi occupo di …?

Sì, vale anche per TE, in qualsiasi settore tu sia.

Semplicemente hai bisogno di un Sistema testato e già pronto da applicare, se non vuoi buttare i tuoi soldi. Il problema è che tante persone pensano che un sistema del genere non possa essere applicato al proprio settore. E sbagliano alla grande.

Questo Sistema è stato testato con efficacia e ottimi risultati in tutti questi settori:

- siti ecommerce
- attività turistiche
- network marketing
- attività online
- aziende offline
- negozi locali
- mercato immobiliare
- investimenti
- vendita di prodotti
- vendita di servizi
- consulenze
- professionisti
- corsi in aula
- attività di formazione
- … e tanti altri ancora.

Negli ultimi anni ho affrontato i casi più disparati. Ho trovato soluzioni persino per un negozio di ferramenta che mai si sarebbe aspettato di poter usare internet per triplicare il fatturato. Come? Rivolgendosi al target delle aziende che fanno grossi ordini di materiale e viti, con ordini da decine di migliaia di euro e un altissimo profitto. E se hai un business con bassi margini?

Zero problemi. Si lavora sul brand, sul posizionamento, sui punti di differenziazione e si spinge su quelli. Ci sono sempre, anche su attività basate sulla vendita di prodotti commerciali comuni (dai telefoni agli aspirapolvere).

Il Sistema funziona in tutti i settori e mi sento di dire che quale che sia il tuo settore, c'è una soluzione personalizzata anche per te. E ti seguirò personalmente sul nostro gruppo Facebook per aiutarti e trovarla insieme.

Quando ho applicato il sistema ai miei settori, il risultato te l'ho già raccontato: ho risollevato in poche settimane tutti i miei business, indipendentemente dal settore. E ho preso il controllo totale sul flusso di clienti.

Siamo tutti nello stesso settore, quello del Marketing Formativo.

Qualsiasi prodotto abbiamo, dobbiamo concentrarci su come portarlo sul mercato. Non esiste un settore diverso. E soprattutto non hai alternative, perché il passaparola è morto e non ci sono altri strumenti così efficaci e sotto controllo per portare clienti al tuo business.

Capitolo 2:
Come Strutturare il Tuo Sistema
di Marketing Formativo

2.1 Dal marketing tradizionale al Marketing Formativo

Il Marketing della tua azienda è fermo? Imprenditori e professionisti non sanno più come aumentare clienti e vendite. I vecchi metodi non funzionano più. Il passaparola e il marketing tradizionale sono morti. In questo capitolo vediamo come puoi stravolgere tutte le regole tradizionali e fare ripartire il tuo business in maniera ultra rapida con il Marketing Formativo.

Ripetiamo la definizione di Marketing Formativo:
- *È un Sistema di Marketing con cui un'azienda può trasformare i contatti freddi in clienti fidelizzati, formandoli al valore dei propri prodotti/servizi e all'unicità del proprio business.*

Il Marketing Formativo sta letteralmente esplodendo come sistema di marketing per imprenditori e professionisti. Come abbiamo già visto nelle pagine precedenti, vendere è sempre più difficile perché le persone comprano solo dopo essersi informate bene sui prodotti e sulle alternative. Per questo un sistema di marketing che forma le persone sul tuo settore, sulla tua unicità, sui tuoi punti di differenziazione rispetto ai concorrenti garantisce dei risultati davvero straordinari.

Ti faccio degli esempi concreti per farti capire bene.

Generalmente il marketing tradizionale porta un'azienda a basare il proprio business sul passaparola, o sul porta a porta, o sulle chiamate a freddo fatte dai venditori ad una database di contatti freddi. Gli imprenditori più aggiornati usano anche internet e i social media per cercare nuovi clienti. Magari utilizzano Facebook per fare pubblicità ai propri prodotti e ai propri siti ecommerce.

Purtroppo tutti questi metodi non danno mai i risultati sperati. Se hai esperienza diretta, sai di cosa parlo. Il passaparola non ti dà il controllo sui numeri. È più che altro una speranza. Il porta a porta e le chiamate a freddo hanno conversioni basse, turnover dei venditori molto alto, pochi clienti. La pubblicità su internet finalizzata alla vendita diretta, senza un sistema completo di formazione, può darti grosse delusioni e tanti sprechi di denaro.

Da qui nasce la ricerca di un nuovo sistema di Marketing che aiutasse gli imprenditori e i professionisti ad acquisire nuovi clienti in target e al tempo stesso ad aumentare le vendite.

Come ti ho già accennato, il Marketing Formativo non è un'invenzione, ma una scoperta. Quando nel 2002 ho iniziato a vendere ebook per la formazione, moltissimi clienti ci richiedevano risorse per approfondire l'argomento e magari anche corsi avanzati. E così i nostri prodotti sono diventati il trampolino di lancio per prodotti ancora più costosi, come i corsi in aula.

Negli ultimi 20 anni ho fatto felici tanti cari colleghi del mondo della formazione, che grazie alla diffusione dei nostri ebook (oltre 1.000.000 di pdf distribuiti in Italia) hanno riempito le proprie aule.

Altro dato interessante è quello delle anteprime gratuite. Ogni nostro ebook dispone del Capitolo 1 in omaggio o di un estratto gratuito. Ebbene, da quell'omaggio, una gran parte delle persone in genere compra l'ebook intero. Perché? Perché in poche pagine la persona era stata introdotta all'argomento e aveva ricevuto le prime pillole formative. Così è nato il Marketing Formativo.

Ora ti starai chiedendo se funziona solo nel mondo degli ebook e della formazione o se è applicabile anche a prodotti fisici, negozi e quant'altro. Ebbene sì. Come hai letto nel capitolo precedente, il Marketing Formativo funziona in tutti i settori.

Da anni lo utilizzo non solo per la vendita degli ebook, ma anche e soprattutto per la vendita di prodotti ad alto costo negli altri settori in cui opero.

Ad esempio nella mia attività immobiliare, utilizzo il Marketing Formativo per insegnare ai contatti interessati come investire in immobili e come crearsi delle rendite.

Regalo tre pdf che spiegano tutti i dettagli su come comprare, come affittare, come mettere a reddito. Informazioni complete e di alto valore.

Ma se regalo questi pdf formativi cosa ci guadagno?

Ci guadagno persone che diventano FAN del mio metodo e del mio modo di lavorare. Persone che mi seguono e che quando immetto sul mercato un affare immobiliare si mettono in fila per comprarlo.

Fino a qualche giorno prima erano semplici "contatti freddi". Adesso sono miei FAN e sono pronti a comprare da me in un battere di ciglia. Così poche settimane fa ho venduto uno dei miei immobili ad oltre 160.000 euro. Un immobile molto carino, di prestigio, ma per il quale né le agenzie né i portali di annunci immobiliari mi avevano portato alcun cliente.

Il tutto senza fare alcuna fatica. Non ho dovuto fare telefonate a freddo né bussare di porta in porta. Semplicemente ho creato un sistema basato sul Marketing Formativo che in automatico formasse i nuovi contatti al mio metodo di lavoro. Altro che passaparola o sito web tradizionale.

Hai presente quanto tempo passi con i clienti per spiegargli la qualità dei tuoi prodotti?

Con il Marketing Formativo automatizzi completamente tutta la fase in cui educhi il cliente alla qualità e all'unicità dei tuoi prodotti/servizi. Quindi risparmi tempo, risparmi soldi, velocizzi i risultati.

Perché allestire un call center per spiegare a voce come funziona il mio sistema di Marketing Formativo se un video online lo può fare in maniera più rapida, più efficace, più economica?

Perché passare ore al telefono o con la lista nomi per trovare nuovi contatti per il Network Marketing se dei pdf possono fare la spiegazione al posto mio?

Perché affidare i miei immobili ad una costosa agenzia immobiliare se i miei pdf li possono vendere in automatico e senza sforzi?

Con un solo sistema automatizzato di Marketing Formativo potrai:
- Formare i clienti sull'importanza del tuo settore e dei tuoi metodi di lavoro

- Educare alla qualità e unicità dei tuoi prodotti o servizi
- Posizionarti come l'esperto del settore
- Aumentare il valore percepito di ciò che vendi
- Filtrare solo le persone realmente interessate a quello che fai
- Diventare l'unica soluzione efficace al loro problema

In Italia non esiste nulla del genere. In America si parla di "educational marketing" ma non esiste nessun testo specifico e approfondito sull'argomento, semplicemente perché è un qualcosa che, per quanto mi riguarda, nasce dalla mia esperienza specifica come editore nel mondo degli ebook per la formazione.

Tante web agency oggi parlano di "lead generation" o "acquisizione clienti"; in realtà acquisire i contatti è relativamente facile con Facebook Ads e le Optin-Page, ma se manca un sistema di Marketing Formativo che prenda quei contatti e li trasformi in clienti, allora è tutto inutile.

Con il Marketing Formativo puoi creare un vero e proprio sistema online che acquisisce nuovi contatti e li trasforma automaticamente in clienti.

Come è strutturato tecnicamente?

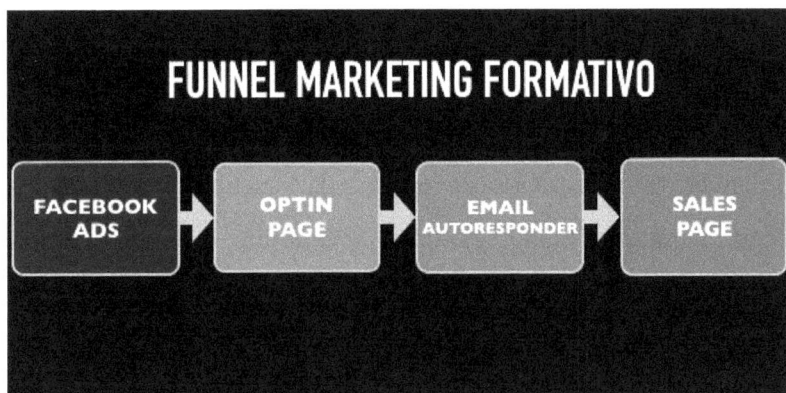

Ecco i 4 step del sistema e come usarli:

1.   *Facebook Ads*

2.   *Optin-Page*

3.   *Autoresponder*

4.   *Sales-Page (o Form-Page)*

Partiamo dal programma pubblicitario di Facebook. Compriamo quindi visite su *Facebook Ads* e a dispetto di quello che si pensa, le persone che sono su Facebook possono essere assolutamente portate a comprare. Pensa che è possibile creare interi business basandosi anche solamente su questo social network. Trovare clienti è davvero facile.

Da Facebook queste persone le portiamo su *un'Optin-Page*, cioè su una pagina web ad alta conversione il cui unico scopo è quello di convertire il visitatore proveniente da Facebook in un contatto email. In questo modo, già inizi a catturare le email dei tuoi potenziali clienti.

Successivamente, attraverso le loro email, hai la possibilità di inviare loro una serie di messaggi formativi in automatico grazie ad un software che prende il nome di *Autoresponder*.

Solo alla fine del processo di Marketing Formativo, questi contatti vengono rimandati verso le *Sales-Page* dove avviene la vendita vera e propria, o verso le *Form-Page*, dove le persone compilano un modulo per contattarti (ad esempio: agenzie, negozi, preventivi, attività offline).

In queste ultime due pagine le persone, dopo esser state scaldate dalla tua sequenza di email e dopo esser state formate verso il tuo prodotto o servizio, si convertono finalmente in clienti.

Poi il ciclo ricomincia, perché parte dei soldi generati dalle vendite vengono reinvestiti nella pubblicità per avere ancora più clienti e ancora più vendite, generando quindi un ciclo infinito del successo.

2.2. Il Modello di Business del Marketing Formativo

Abbiamo detto che il passaparola è un tipo di sistema su cui non hai controllo e che ti porta pochi clienti.

Difficilmente puoi raggiungere con esso 100, 1.000, 10.000 o anche 100.000 clienti in un colpo solo ed in poco tempo.

Semplicemente perché non sei tu a decidere quante persone "passano parola". Ecco spiegato perché il passaparola non è un sistema adeguato ad un business del ventunesimo secolo.

Pensa anche ai classici siti web. Un sito web è la risposta di molti imprenditori alla crisi, fanno il sito, vanno online e sperano di vendere. Ma c'è ancora un problema e cioè che non abbiamo abbastanza clienti, è difficile portare traffico, i motori di ricerca non ci aiutano e quindi non abbiamo abbastanza controllo.

Sicuramente ne abbiamo di più rispetto a prima, perché se con il passaparola non ne abbiamo per niente, con il sito web possiamo monitorare i numeri, le visite, le conversioni, il numero delle persone che comprano da noi ed altri parametri di questo tipo.

Invece, con un sistema di Marketing Formativo puoi trovare clienti e avere il massimo controllo perché sai esattamente quante persone far arrivare sul tuo sito, visto che lo decidi tu, quante persone si convertono da semplici visitatori in contatti, quanti diventano poi tuoi clienti e quindi quanti soldi sono in grado di generarti.

Scendiamo adesso nel dettaglio dei 4 pilastri che compongono un sistema di Marketing Formativo, ovvero Facebook Ads, Optin-Page, Autoresponder, Sales-Page o Form-Page.
Perché Facebook Ads?

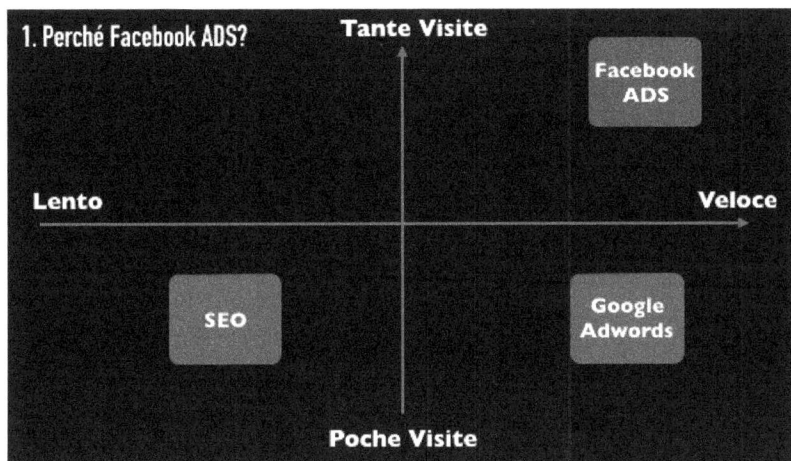

Cerchiamo innanzitutto di capire perché utilizziamo la pubblicità su Facebook e quali sono le alternative.

La prima alternativa sarebbe quella della SEO (Search Engine Optimization), ossia dell'ottimizzazione del sito web per i motori di ricerca. Questa è un'alternativa scelta da tanti imprenditori che, non sapendo nulla di Internet, magari danno ascolto alla prima web agency che si presenta loro con la promessa di creare un sito web e di posizionarlo nelle prime posizioni dei motori di ricerca.

Questa operazione basata sull'ottimizzazione di un sito web per i motori di ricerca si chiama appunto SEO. Il problema è che si tratta di un processo lentissimo perché ci vogliono mesi se non anni per posizionarsi alle prime posizioni di Google e in alcuni casi si potrebbe non arrivare mai a questo obiettivo finalizzato al trovare clienti.

Questo vuol dire tanti costi, lentezza, nessuna certezza del risultato e poche visite. Tranne ovviamente rarissimi casi in cui si riescono ad ottenere un po' di visite dal motore di ricerca, tenendo presente che ci vogliono comunque mesi e mesi di pubblicazione di articoli e di contenuti. Motivo per il quale il SEO non è la strada adatta per un'azienda che deve riprendersi velocemente.

Inoltre, citando un noto esperto di marketing americano, Ryan Deiss: *«Il traffico gratuito è il più costoso di tutti»*. Meglio evitarlo.

Altra opzione è quella di promuovere il proprio sito su Google Adwords, il programma pubblicitario di Google. In pratica, si comprano delle parole chiave relative alla propria attività e Google fa vedere il tuo annuncio pubblicitario portando click e quindi visite. Peccato che Google Adwords sia diventato costosissimo e comunque ha un limite in termini di visite.

Lascia che ti faccia un esempio. Io ho un prodotto, nello specifico un videocorso sulla lettura veloce, che pubblicizzato su Google Adwords mi porta *16 click al giorno*. Assolutamente pochi visto che con Facebook ho ancora più velocità nei risultati ed ho infinite visite. Infatti lo stesso annuncio su Facebook mi porta *12.000 click al giorno*. Questo per dire che Google Adwords rispetto a Facebook è quasi inesistente perché non è in grado di generare tante visite quante quest'ultimo.

Se quindi vogliamo tante visite e in maniera veloce, Facebook Ads è lo strumento pubblicitario più potente cui possiamo affidarci. È assolutamente fondamentale ed è fantastico per fare test veloci e per creare interi business di dimensioni anche molto grandi, anche in termini di milioni di euro.

Quando navighi puoi trovare delle pubblicità lateralmente, quindi banner e testo oppure anche il Promoted Post, un post centrale simile ai post pubblicati dai tuoi amici, con la sola differenza che questo è sponsorizzato, quindi a pagamento, e ti consente di raggiungere quante persone vuoi. Con queste tipologie di pubblicità puoi raggiungere milioni di persone italiane ed inserirle all'interno di un sistema automatico, dove queste stesse persone vengono formate e istruite alla tua offerta commerciale e saranno successivamente invitate a comprare i tuoi prodotti. In definitiva, Facebook Ads è lo strumento pubblicitario migliore al mondo per generare visite a basso costo verso il tuo sito web.

Ma dove li indirizziamo tutti questi contatti? Non su un sito web qualsiasi, ma su una Optin-Page finalizzata a convertire il semplice visitatore in un contatto email.

Perché le Optin-Page?

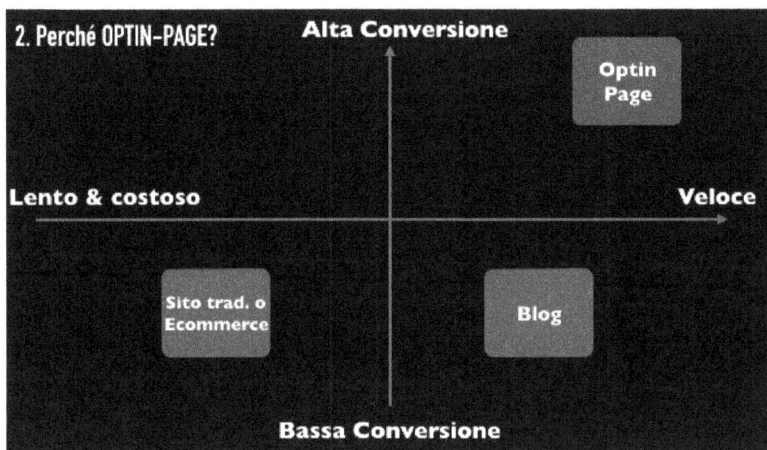

Il traffico che compriamo su Facebook lo indirizziamo verso un sito monopagina chiamato Optin-Page. Prima di addentrarci nel dettaglio, vediamo perché mandare traffico verso la Optin-Page piuttosto che verso un'altra tipologia di sito.

In molti hanno sicuramente un sito tradizionale o un sito ecommerce. Il problema è che i siti tradizionali hanno una bassissima conversione, in genere inferiore all'1%. Questo significa che pochissime persone lasciano la propria email o comprano.

Inoltre, fare un sito del genere può essere molto costoso e richiedere molti mesi. Ad esempio, solo per aggiornare il sito ecommerce della Bruno Editore è stato necessario un anno e mezzo di lavori e oltre 20.000 euro di spesa. E non ti dico quanto mi costa l'assistenza e la manutenzione mensile.

Il sito ecommerce è un sito costoso che non ha neanche lontanamente la stessa percentuale di conversione della Optin-Page. Il che non vuol dire che lo devi cestinare. Anzi, più avanti nel testo ti spiegherò come sfruttarlo al massimo. Non è comunque la scelta consigliata per chi vuole creare un business rapido e per chi vuole far riprendere velocemente la propria attività.

Vediamo ora un'altra possibilità. Molti consigliano di fare un blog che è sicuramente un'alternativa veloce visto che per crearlo bastano pochi click e servono poche competenze tecniche. In pochi giorni si può metterlo su con piattaforme open source come WordPress e con costi abbastanza limitati.

Peccato però che il blog non converta molto in termini numerici assoluti. Non produce così tante visite tali da convertire milioni di clienti in milioni di euro nel corso dell'anno. Un blog ti può portare qualche visita gratuita, sempre a patto di posizionarsi bene nei motori di ricerca, ma non ha un'alta conversione istantanea.

L'Optin-Page invece nasce per convertire. È una pagina semplice dove le persone lasciano la propria email o se ne vanno. Questo perché c'è una sola azione: o ti iscrivi o te ne vai. Le persone leggono le informazioni contenute nella Optin-Page, cliccano sul pulsante, appare un pop-up nel quale lasciano il loro indirizzo email e scaricano gratis un video gratuito.

Questa pagina così semplice, poco tecnica e creata in 5 minuti, converte più di tutti gli altri siti messi insieme. Ha conversioni altissime dal 10% al 50%, quindi 10-50 volte tanto un sito tradizionale o un sito ecommerce.

Un'Optin-Page che converte al 50% è un sito dove una persona su due si registra. Non si tratta necessariamente di pagine di design o ultra professionali, bensì di pagine che *funzionano*, perché il nostro obiettivo è quello di creare un sistema che sia efficace e che produca reddito.

Quindi il sistema di Marketing Formativo utilizza la Optin-Page per catturare le email dei visitatori dando in cambio qualcosa di gratuito. A quel punto, con gli indirizzi dei potenziali clienti inseriti in mailing list, puoi inviare una sequenza di email predefiniti per educarli al valore della tua offerta. Lo fai con l'Autoresponder.

Perché l'Autoresponder?

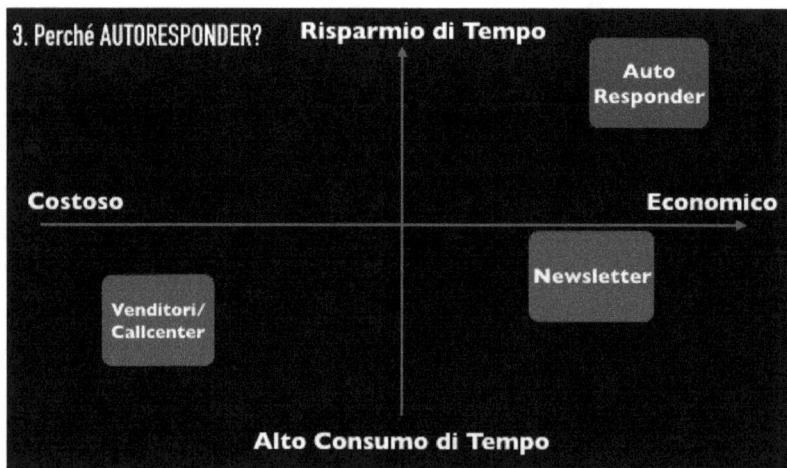

L'autoresponder è un software che gestisce l'invio in automatico di una serie di email preimpostate.

Quando il tuo potenziale cliente si registra e lascia l'email nella Optin-Page della tua azienda, ad esempio, riceve la prima email con il primo contenuto gratuito, poi la seconda email due giorni dopo, poi la terza email dopo altri due giorni, e così via. Insomma, una sequenza di email che lo educano al tuo prodotto. Ricorda che questo è un sistema che vale in qualsiasi settore e per qualsiasi genere di attività.

Vediamo adesso perché usare l'autoresponder ha un senso. Oggi molte aziende lavorano con la vendita diretta mandando cioè i propri venditori agli appuntamenti. Questi hanno un alto turnover perché, come sappiamo, la vendita diretta è tanto più difficile quanto più il contatto è freddo se non si utilizza un buon sistema di vendita. La vendita diretta è quindi un sistema molto costoso e ad alto consumo di tempo, visto che le persone devono andare fisicamente dal potenziale cliente.

Altra opzione consiste nel rivolgersi a un call center che è un pò meno costoso perché non bisogna mandare fisicamente persone dai potenziali clienti, dato che si tratta di un processo telefonico, ma comporta comunque costi abbastanza alti. È infine un'attività ad alto consumo di tempo, visto che i contatti vanno gestiti uno ad uno.

Le aziende più avanzate sovente hanno anche una newsletter. Mandano quindi una serie di email ai propri contatti con costi vicini allo zero, ma hanno pur sembre bisogno di una persona che scriva le newsletter, che le invii con una certa frequenza settimanale e per di più in maniera continua.

Infine esiste l'autoresponder, cioè un software dove è possibile predisporre un certo numero di email per un certo periodo di tempo, e quando una persona si iscrive, in maniera completamente automatica, questo software gli manderà le varie email con la frequenza che è stata precedentemente definita. Indipendentemente da quando una persona si iscrive, l'autoresponder parte dal "Giorno 0". A differenza quindi di una newsletter che viene mandata in un determinato giorno e ad una determinata ora, l'autoresponder è un servizio personalizzato in base a quando la persona si iscrive.

Io, ad esempio, ho sequenze lunghissime di email perché in questo modo e in maniera del tutto automatica, senza la mia presenza costante ed indipendentemente dal mio tempo, ho automatizzato la mia azienda e i miei business tutto in maniera completamente gestita da un software che invia le email come se fossi lì a scriverle realmente.

In definitiva, l'autoresponder è lo strumento che ti consente di creare una relazione duratura con i tuoi contatti al fine di educarli al valore della tua offerta e convertirli così in clienti attraverso la Sales-Page.

Perché la Sales-Page?

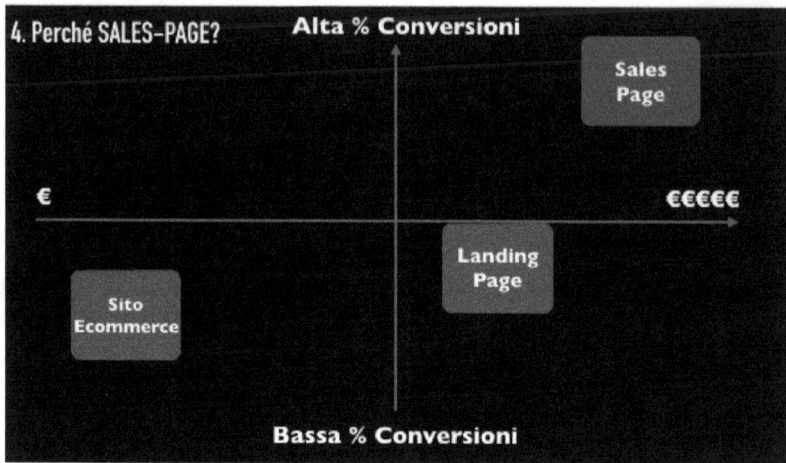

La Sales-Page è una pagina specificatamente confezionata per portarti tanti soldi, tante vendite e un'altissima percentuale di conversioni. Vediamo la differenza rispetto agli altri sistemi di vendita tradizionali.

Abbiamo il classico sito ecommerce che, come abbiamo già visto, converte poco ed ha percentuali di conversione molto basse, inferiori all'1%. Vende poco anche in termini di prezzo medio perché l'utente arriva su un sito ecommerce e non è pronto all'offerta, non è stato scaldato da una sequenza di email formative che gli hanno insegnato quanto è importante quel prodotto, che risultati potrebbe fargli ottenere e così via.

Nella tua attività può darsi che avrai anche modo di comunicare in prima persona a voce o al telefono con i tuoi clienti, ma nel caso dell'ecommerce non avrai modo di spiegare le caratteristiche del tuo prodotto o servizio così come i propri benefici. A questo ci pensa la Sales-Page.

Vediamo adesso altre ipotetiche alternative. Ad esempio la Landing-Page, che altro non è che una pagina lunghissima che viene utilizzata per scaldare un contatto freddo nelle varie righe della pagina fino a proporgli una vendita finale. Il problema è che non funziona perché è troppo diretto. In altre parola, la Landing-Page viene letta da un contatto freddo che non è formato sulla tua offerta.

Invece la Sales-Page è la pagina finale di un sistema dove, dopo una serie di email contenenti dei contenuti di valore, la persona sa quanto vali, perché sei unico, quali sono i tuoi punti di differenza, cosa ha di speciale il tuo prodotto o servizio, e così via.

71

Una Sales-Page ha altissime conversioni e può permetterti di vendere prodotti anche ad altissimo costo e ad altissimo margine, il che dopotutto rappresenta la differenza tra un'azienda di successo e una di insuccesso. Questo perché avere alto margine ti porta tanti soldi senza spenderne così tanti.

Nel caso in cui vendi servizi, invece di fare la vendita diretta, avrai una pagina, la Form-Page dalla quale il cliente potrà richiedere un contatto diretto. Pensa ad esempio a tutti i servizi di consulenza, o delle agenzie immobiliari, o chi lavora con preventivi e sopralluoghi. O al network marketing.

Riepilogando, il sistema di Marketing Formativo segue questi quattro pilastri:

- Facebook Ads: per raggiungere milioni di clienti potenziali
- Optin-Page: per acquisire le email dei contatti
- Autoresponder: per formare al valore della tua offerta
- Sales-Page o Form-Page: per chiudere la vendita

Attraverso questo sistema puoi gestire e controllare perfettamente le tue entrate e il tuo fatturato.

2.3: Il Funnel: l'imbuto che filtra i tuoi clienti

Nel lontano 1997, quando ho aperto la mia prima connessione a Internet, ho iniziato a lavorare con un concetto molto semplice: io regalavo al mio visitatore del materiale di valore e lui mi lasciava il suo indirizzo email. È stato così che nel corso del tempo più di *500.000 persone* mi hanno lasciato la propria email.

Senza volerlo, oltre 20 anni fa, avevo creato un primitivo sistema di acquisizione clienti. Questa primitiva Optin-Page è stata anche oggetto della mia tesi di Laurea a Ingegneria Elettronica. Sono passati talmente tanti anni che ancora si usavano i lucidi invece di PowerPoint. Incredibile.

Quella Optin era l'ingresso del mio "Marketing Funnel". In inglese *funnel* significa imbuto. Che forma ha un imbuto? Molto largo in alto e molto stretto in fondo.

L'idea era di fare entrare i visitatori nel mio sistema di acquisizione clienti attraverso un punto di ingresso molto largo: un omaggio, quindi ZERO euro, alla portata di tutti. Esattamente quello che facciamo ancora oggi con i nuovi libri pubblicati da Bruno Editore. Li diamo gratis così da raggiungere un pubblico dalle 10 alle 50 volte più largo rispetto a distribuire un libro a pagamento.

Questo significa che tutti poi comprano un prodotto a pagamento? Assolutamente no. Lo scopo del funnel è proprio quello di prendere i contatti delle persone interessate e formarli al valore della tua offerta, giorno dopo giorno.

Il funnel filtra e guida le persone nei vari step.

Ad esempio, su 100.000 visitatori:
– 20.000 entrano nel sistema scaricando un prodotto gratuito
– 2.000 comprano un prodotto base da 10 euro
– 200 comprano un prodotto intermedio da 100 euro
– 20 comprano un prodotto avanzato da 3.000 euro

Quindi solo una piccola parte arriva in fondo all'imbuto, largo in alto e stretto in basso. Ti è chiaro il concetto?
Esistono anche funnel più brevi, dove dal gratis si passa direttamente ad un servizio più costoso.

Come è successo al nostro autore Carlo Carmine:

- 3.000 download del suo libro nel giorno del lancio
- 300 clienti al suo studio professionale di ricorsi
- 3.000.000€ di incasso nei primi 6 mesi
- 6.000.000€ di incasso nel primo anno

Numeri pazzeschi, non trovi? Distribuire un libro gratis e acquisire clienti per 6 milioni di euro nel giro di un anno. Questo sistema permette al tuo business di crescere rigoglioso perché, all'interno della tua nicchia specifica, sei in grado di rispondere alle esigenze di tutti i tipi di persone, in base alla capacità di spesa.

Questo non vuol dire che "fai tutto per tutti". Sarebbe contrario a ogni legge del Brand efficace. Piuttosto, stai creando un percorso che educa il cliente sulla tua nicchia, a qualsiasi livello.

Questo stesso testo è un punto di ingresso del marketing funnel. Magari sei semplicemente curioso di saperne di più sulle strategie di marketing, ed eccoti qui a leggere. Non sei obbligato a iscriverti, né a lasciarmi email, né a comprare corsi di approfondimento. Ma di una cosa sono certo. Ne percepisci il valore. La conseguenza è che probabilmente hai voglia di leggere altro materiale o vedere qualche video.

Forse sei un imprenditore e hai un'azienda con un discreto giro d'affari e pur di avere la migliore tecnologia esistente, sei disposto a frequentare un Master da 3.000 euro perché magari te ne può rendere 300.000 in un anno. O anche 3.000.000.

In ogni caso, leggere un libro interessante potrebbe portare dei risultati nel tuo business. E io di questo sono contento a prescindere, anche se tu decidessi di non diventare un mio cliente diretto.

Capitolo 3:
Come Raggiungere Milioni di Persone con Facebook

3.1 Le 4 opzioni per aumentare il traffico sul tuo sito

Da oltre 20 anni mi occupo di portare traffico sui siti web. No, non sono una web agency né un consulente di marketing. Sono un imprenditore e il lavoro di acquisizione clienti l'ho sempre fatto per me stesso e per le mie aziende.

Ricordo molto bene il periodo 1997-2000 in cui essere primo sui motori di ricerca era una banalità incredibile. C'erano motori molto semplici come Arianna, Altavista, IOL dove bastava guardare i punti comuni delle prime 10 pagine per fare la stessa cosa ed essere primi. Ai tempi ricevevo più di 3.000 nuove visite al giorno dai motori di ricerca sui miei siti dedicati alla telefonia cellulare. Con queste strategie avevo una resa incredibile sul business della pubblicità online: vendevo migliaia di impressioni ogni giorno e mi entravano migliaia di euro. Al giorno.

Poi è arrivato l'algoritmo di Google e ha spento gli entusiasmi. Tutto era tranne che facile. Bisognava costruire una rete incredibile di siti che ti linkavano dall'esterno. Creare contenuti validi e far sì che gli altri siti parlassero di te e dei tuoi contenuti.

Me la sono cavata bene anche lì. Grazie alle tonnellate di contenuti gratuiti che fornivo al web, sotto forma di ebook in pdf (i primi ebook usciti in Italia) ho ricevuto migliaia di backlink sulle mie pagine. E tutto è prosperato per anni.

Oggi il motore di ricerca più potente e prezioso è quello di Amazon. 600.000.000 di clienti registrati con carta di credito e che sono in cerca di prodotti da comprare. Gli basta 1 click e possono scaricare il tuo libro o il tuo prodotto.

Ingegnere Italiano scopre l'algoritmo per diventare Bestseller su Amazon.

Gli ultimi 100 libri pubblicati da Giacomo Bruno tutti Bestseller n.1 in classifica

Eleonora Persichetti ✉ · 3 settimane fa 💬 0 🔥 16 📖 Lettura di un minuto

Ingegnere Italiano scopre l'algoritmo per diventare Bestseller su Amazon

Anche Amazon non è stato un problema per me. Tra l'esperienza come sviluppatore, come ingegnere degli algoritmi, con i numeri e l'autorevolezza costruita in tanti anni di lavoro e di risultati, oggi dominiamo totalmente le classifiche Bestseller del sito ecommerce più grande e competitivo del mondo. Ne ha parlato anche la stampa negli ultimi mesi.

Il bello dei motori di ricerca è che consentono di generare visite gratis e in target, nel senso che le persone cercano qualcosa di inerente a quello che stavano cercando e magari lo comprano anche subito.

Tornando a Google, posizionarsi in prima pagina sui motori di ricerca oggi è assolutamente difficile, complesso, lungo e laborioso perché ci sono dei costi enormi da sostenere. Costi legati all'ottimizzazione per i motori di ricerca (SEO) in quanto bisogna avvalersi di figure professionali che richiedono alti budget per arrivare in prima pagina per ogni singola parola chiave. Per di più, senza avere alcuna garanzia di arrivare in prima pagina, perché se qualcuno avesse la formula infallibile per arrivare nelle prime posizioni di Google, lo farebbero tutti.

Purtroppo non hai controllo su questo. È come l'imprenditore che manda avanti la propria azienda con il passaparola. Sappiamo come stanno ormai le cose: il passaparola è morto e per mandare avanti un'azienda c'è bisogno di controllo.

Un'altra fonte di traffico online per me è stato il Blog: è interessante perché porta comunque visite gratis, in target e dà autorevolezza perché scrivere articoli può consentire di diventare famoso e di essere segnalato.

Il blog porta visite gratis e autorevolezza. Ma con poco controllo. Inoltre, come per i motori di ricerca, abbiamo tempi lunghi perché gli articoli hanno bisogno di tempo prima di essere indicizzati dai motori di ricerca; non hai nessun controllo perché non sai esattamente quante visite ti potrà portare ogni giorno; è infine un gran lavoro perché c'è bisogno di costanza nella pubblicazione prima di iniziare a vedere i primi risultati. Questo per dire che il blog è sì un valido strumento, ma c'è mancanza di controllo e richiede tempo.

Così Google si inventa il programma pubblicitario *Google Adwords*: tu metti un annuncio per determinate parole chiave e quando un utente cerca quella parola appare la tua pubblicità. L'utente clicca e arriva sul tuo sito. In cambio paghi qualche centesimo per quel click. Una vera rivoluzione.

Google Adwords è stato una vera rivoluzione per acquisire il controllo del traffico. A differenza di tutti i metodi che abbiamo visto prima, le inserzioni pubblicitarie di Google hanno tanti aspetti positivi.

Innanzitutto puoi avere tante visite, visto che le compri e che decidi tu quante averne. Le compri in target, visto che le pubblicità online verranno visualizzate solamente da una determinata tipologia di persone.

Sono immediate perché in genere in meno di 15 minuti inizi subito a generare click ed è ottimo per fare test, ossia per iniziare a testare i tuoi annunci. Inoltre, hai anche il controllo totale sull'investimento, poiché sei sempre tu a decidere quanto spendere e quindi quanti click portare sul tuo sito.

Di contro, la pubblicità online non è gratis e quindi dovrai necessariamente pagare ed ottimizzare le tue campagne pubblicitarie nel corso del tempo. Magari inizi con piccoli budget da 10 euro o da 20 euro, e quando vedrai che i profitti generati da questi budget saranno superiori alla somma spesa, allora potrai iniziare ad aumentare il budget per generare più profitti.

Tornando a Google Adwords, questo programma pubblicitario ti consente di ottenere visite in target per singola parola chiave. Ad esempio, crei un annuncio ottimizzato per la parola chiave "network marketing" e la persona che cerca questa stessa parola chiave su Google ci clicca perché è interessata e fortemente in target. Questo perché quella persona stava già cercando quella cosa e tu rispondi alla sua esigenza.

Questo processo ti consente quindi di effettuare anche vendite dirette. Il problema, però, è che essendo Google Adwords un programma che esiste oramai da diversi anni, ha prezzi alti (intorno a 1 o 2 euro a click, e in America i prezzi sono ancora più alti). Altro problema sono le poche visite, perché non puoi costringere le persone a cercare determinate parole chiave. In altre parole, se le persone non le cercano vuol dire che non c'è abbastanza mercato per te.

Con Google Adwords intercetti solo i bisogni di cui le persone sono già consapevoli. Come già ti ho spiegato, se faccio una ricerca veloce con lo strumento di Google per le parole chiave chiamato Keyword Planner per il termine "lettura veloce", scopro che al massimo 157 persone vedranno il mio annuncio e riceverò una media di 16 click al giorno. E in effetti i numeri sono questi anche nella realtà dei miei annunci. Ora, con 16 click al giorno è difficile fare tante vendite e questo vuol dire che il mio business arranca in partenza.

Come se non bastasse, Google impone delle regole molto rigide sui contenuti della pagina di destinazione, vietando espressamente i siti monopagina, in stile Optin-Page, finalizzati ad acquisire l'email del cliente. Impossibile lavorarci serenamente.

Riepilogando le caratteristiche di Google Adwords:
• le visite sono in target specifico per parola chiave
• gli utenti sono predisposti a un possibile acquisto
• hai controllo totale sui numeri
• i click costano molto
• i numeri assoluti sono bassi
• si intercetta solo il bisogno consapevole
• limitazioni sull'uso delle Optin-Page

E Facebook Ads?

Se prendiamo in esame invece un altro programma pubblicitario, quello di Facebook Ads, ecco cosa scopriamo.

Di pro abbiamo che genera tante visite, a prezzi molto bassi e con risultati rapidissimi.

Di contro abbiamo invece che è meno facile fare vendita diretta perché quando è su Facebook, l'utente generalmente non ha intenzione di comprare e non sta cercando un prodotto specifico. Probabilmente non sapeva neanche che esisteva quel determinato prodotto o servizio prima che glielo dicessimo noi.

Il gioco qui consiste nel *creare il bisogno* e rendere il nostro target consapevole che esiste un problema e una soluzione. Proprio per questo è necessario creare un sistema di Marketing Formativo per portare il potenziale cliente all'acquisto. Inoltre, anche in questo secondo caso bisogna sapere ottimizzare, per spendere il meno possibile.

Prima abbiamo visto i dati su Google ed ora ecco quelli su

Facebook. Il mio annuncio pubblicitario per LetturaVeloce.net ha generato su Facebook 300.000 impression al giorno e 12.000 click al giorno, 80.000 a settimana. Quindi 12.000 persone al giorno cliccano sui miei annunci ed arrivano lì anche se in quel preciso momento non stanno cercando informazioni sulla lettura veloce perché magari non sanno neanche cosa tratta questo argomento.

Quello che ho fatto io attraverso i Facebook Ads, è stato incuriosire le persone con il giusto annuncio, scritto in un certo modo attraverso una serie di regole di copywriting persuasivo, farle cliccare sull'annuncio, per poi farle arrivare sulla pagina di destinazione. Il concetto è quello che non vado a intercettare un bisogno consapevole, ma vado io a creare il bisogno all'utente.

Riepilogando le caratteristiche di Facebook Ads:

- le visite sono in target specifico per interessi, età, sesso, etc
- hai controllo totale sui numeri
- i click costano pochi centesimi (anche 0,03)
- puoi raggiungere le persone che non sanno di avere un bisogno
- i numeri assoluti sono enormi

- poca concorrenza in Italia
- gli utenti non sono ancora predisposti ad un acquisto
- devi imparare come spendere poco

Sicuramente i due strumenti sono entrambi validi e rispondono a 2 esigenze diverse. Se vendi dei prodotti che sono assolutamente richiesti dal mercato e che generano migliaia di ricerche ogni mese, allora può essere interessante fare dei test con Google Adwords.

Il problema rimane però che se i prodotti sono molto richiesti, avrai tanta concorrenza e i click costeranno molto. Inoltre in Italia è veramente difficile fare numeri da capogiro con Adwords, perché siamo una popolazione piccola rispetto a quella in lingua inglese che conta 1.000.000.000 di persone.

Quindi, visto che da un lato Google Adwords è molto limitante, a tutti gli imprenditori e liberi professionisti consiglio Facebook Ads. Assolutamente imbattibile. C'è ancora poca concorrenza e il vantaggio competitivo di imparare oggi delle strategie efficaci è notevole. I click si possono pagare davvero poco.

I numeri non mentono: da Google 16 click/giorno, da Facebook 12.000 click/giorno.

Se tu, come me, sei un imprenditore e ti stai occupando di business seri, allora non te ne fai niente di 16 click. L'obiettivo di un'azienda grande è fatturare milioni di euro e solo uno strumento come Facebook può garantirti i numeri giusti da inserire nel tuo sistema di business. Ma come fare per pagare poco i click?

3.2 Clienti a 3 centesimi con gli Annunci Formativi™
Prima che io arrivassi sul mercato con il sistema di Marketing Formativo, chi aveva un business aveva sempre ritenuto che Facebook non fosse adatto per trovare clienti. Andava bene per passare qualche ora, per divertimento, per curiosità, per condivisione, ma non per fare business. E invece è un'emerita stupidaggine.

Pensa all'immobile che ho venduto a oltre 160.000 euro con Facebook. Ma come? Non era un luogo di perdizione? Non era il luogo del divertimento?

Pensaci. Tu sei un imprenditore e hai un business. E vieni da Facebook. Hai un profilo Facebook. Navighi su Facebook.

Come te, tanti imprenditori arrivano sui nostri siti da una segnalazione o da una condivisione sui social e iniziano a leggere. Un articolo dopo l'altro si rendono conto che la loro attività può esplodere e ritrovare linfa attraverso l'acquisizione dei clienti da Facebook.

Facebook è il miglior luogo dove trovare clienti anche di alto livello. Nell'ultimo anno ho fatto più di 60.000 nuovi contatti email di potenziali clienti con questo sistema. Come abbiamo visto, qualsiasi prodotto o attività ha bisogno di un flusso continuo di nuovi clienti, altrimenti muore.

Io ho iniziato a usare Facebook Ads per una semplice sfida. Tutto è iniziato qualche anno fa, quando mi sono reso conto che il settore dell'editoria non stava crescendo semplicemente perché non c'erano stimoli nuovi e non c'erano concorrenti.

In effetti, con la Bruno Editore non ho mai avuto concorrenti seri.

È stata la prima casa editrice al mondo a specializzarsi in ebook per la formazione. I primi in Italia a portare gli ebook, nel lontano 2002, dieci anni prima degli altri editori.

Il posizionamento è sempre stato così forte e ben impresso nella mente dei clienti che chiunque provava ad avviare una casa editrice di ebook desisteva dopo pochi mesi. Nessun mercato per i secondi. E per me nessuno stimolo nuovo a crescere e innovare. E così ho preso una dura decisione.

Ho deciso di sfidare il mio più grande concorrente: me stesso.
Sarei stato capace di costruire un business dello stesso livello senza utilizzare la mailing list da oltre 100.000 iscritti che già possedevo? L'idea era di usare solo Facebook Ads, partendo completamente da zero.

Così ho creato un nuovo prodotto, un corso online di Lettura Veloce, sfruttando le mie competenze nel settore. Ho seguito il mio primo corso di tecniche di lettura rapida nel 1990, quando avevo 13 anni. Qualcuno si ricorderà di "Memo: memoria & metodo", un corso a fascicoli settimanali e audiocassette. Quel corso ha cambiato la mia vita e ormai da più di 25 anni leggo velocemente e ho sviluppato il mio personale metodo "Lettura Veloce 3X" (http://www.letturaveloce.net).

Così avevo in mano il prodotto. Altissima qualità. Risultati immediati per tutti. Testati e garantiti.

Ma un prodotto eccellente non vale niente senza il marketing.

Quando una persona non ha il controllo del proprio business, della propria attività e della propria azienda, è seriamente nei guai. Il passaparola non è qualcosa che possiamo controllare. Questo perché ci affidiamo alla speranza che il nostro prodotto piaccia e che qualcuno ne parli, ma per quanto un'azienda possa andar bene basandosi sul passaparola, questo non è un metodo controllabile specie in un momento di crisi come questo.

In tanti pensano che basta avere l'idea geniale per attirare clienti in automatico. Anche qui sbagliano, perché puoi avere il prodotto del secolo ma se non hai un sistema di marketing e di traffico adeguato, la tua attività non parte.

L'unico modo per ottenere una fonte di traffico costante e quindi un flusso costante di nuovi clienti verso la nostra attività facendola rendere, è quello di basare il nostro sistema di marketing su un sistema vincente e già testato.

Quindi anche se avevo in mano un prodotto eccellente, il corso di Lettura Veloce 3X, non avevo ancora il sistema di marketing per lanciarlo e venderlo.

E allora cosa ho fatto? Come ho usato Facebook Ads?

Facebook Ads è uno strumento che consente di raggiungere tante persone con facilità e soprattutto con costi pubblicitari molto bassi. Raggiungere milioni di persone con strumenti pubblicitari classici come la pubblicità su Mediaset, Rai, Sky costerebbe 100 volte di più.

Stiamo parlando di uno strumento incredibile alla portata di tutti gli imprenditori, professionisti, networker e anche persone che stanno partendo da zero.

Lascia ora che ti illustri quella che io chiamo la "Strategia da

25.000 euro", legata alla case-history di LetturaVeloce.net. Guarda cosa ho fatto esattamente, passo dopo passo.

Ecco la mia campagna su Facebook Ads:

Budget speso: 2.409 euro

Persone raggiunte: **1.996.157**

Click sul sito: 80.290

Costo per click: 3 centesimi

Campagna:
Post: "Sapevi che il tuo cervello è in grado di leggere..."

Stato	Budget	Durata (Fuso orario del Pacifico (PST))
Completata	€ 2.560,00 Totale	25 gennaio - 1 febbraio

Risultati	Costi	Portata della campagna	Frequenza	Spesa totale
80.290	**€ 0,03**	**1.996.157**	**1,2**	**€ 2.409,91**
Interazione con i post	Interazione con i post			

Hai visto i numeri? Riguardali con attenzione.

Con un investimento minimo ho raggiunto 2.000.000 di italiani.

Un risultato impossibile da ottenere con qualsiasi altro media perché anche se decidessi di investire in uno spot televisivo su

Mediaset, le persone non potrebbero cliccare fisicamente sullo schermo, arrivare sul mio sito, lasciarmi un'email, entrare nel mio sistema di marketing e alla fine acquistare i miei prodotti digitali. Inutile dire che richiederebbe uno sforzo estremamente più grande. Quello che segue è l'annuncio originale che ho pubblicato su Facebook Ads. Un annuncio molto semplice finalizzato a incuriosire e "formare" le persone:

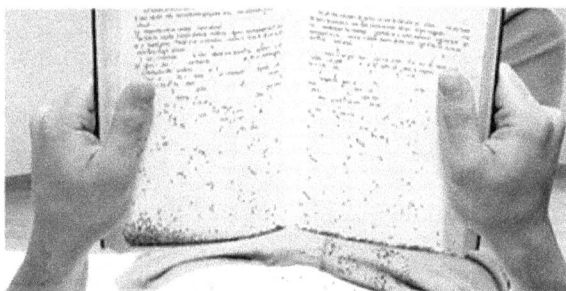

Giacomo Bruno ha condiviso un link.
25 gennaio

Sapevi che il tuo cervello è in grado di leggere libri ad una velocità di 1 pagina/secondo? Peccato che la scuola ti ha insegnato a RALLENTARE e NON vuole che tu conosca questa tecniche. Noi te le spieghiamo in questi 3 Video Gratis.

[Lettura Veloce] Sai che puoi leggere 1 pagina/secondo?
www.letturaveloce.net

Il cervello è in grado di leggere e fotografare intere pagine. Ma c'è un problema enorme. A scuola ti hanno insegnato a RALLENTARE la tua velocità. Leggi qui >>

Perché ho detto "formare"? Perché il sistema di Marketing Formativo inizia già dal testo dell'annuncio. È già qui che stiamo formando i nostri contatti e gli stiamo dicendo qualcosa che non sanno.

Li ho chiamati **Annunci Formativi™**. Sono questa tipologia di annunci che già nel proprio testo iniziano a formare i clienti sull'argomento o sul settore.

Li riconosci facilmente. Quando iniziano per *"Sai che....."* ti sto formando su un certo argomento, presupponendo che non lo conoscevi e non sapevi quello che ti sto dicendo.

Ebbene molto spesso il successo di un Annuncio Facebook è proprio dato dal titolo.

Pezzi di copy come i miei *"Sai che puoi leggere 1 pagina/secondo?"* o *"Sai che puoi raggiungere 40.000.000 di clienti?"* hanno raggiunto davvero ogni singolo italiano e hanno decretato il successo dei nostri business. E sono stati tra i più copiati e criticati in Italia, proprio per il loro successo. Gli utenti, quindi, dopo aver letto l'annuncio ed essersi incuriositi, lo cliccano e finiscono in una Optin-Page che ha come unico obiettivo quello di farsi lasciare l'email in cambio del materiale gratuito. In questo caso 3 video gratuiti con delle tecniche di lettura veloce.

Leggere 1 pagina/secondo?

Sì, il tuo cervello è in grado di leggere libri ad una velocità di 1 pagina al secondo. Il problema è che la scuola ti ha insegnato abitudini errate.

Questi 3 Video Gratuiti ti Rivelano:

1. Perché ogni volta che leggi un testo ti distrai spesso e perché ti capita di tornare indietro per rileggere sempre le stesse cose.

2. Come rendere fluida la tua lettura con una tecnica molto semplice che puoi applicare già dopo 5 minuti di esercizi.

3. Una tecnica straordinaria per memorizzare qualsiasi tipo di informazione in pochi secondi.

4. Come triplicare la velocità di lettura, aumentando anche la comprensione del testo.

Sì, inviatemi i 3 Video »

Li riceverai nella tua email entro 60 secondi

Il sistema di acquisizione clienti di per sé è molto semplice nei passaggi. Ma è bene sottolineare che l'annuncio Facebook Ads deve essere strutturato in un certo modo al fine di generare molti click, altrimenti il sistema non funziona in maniera soddisfacente. Sta di fatto che utilizzando i Facebook Ads ho raggiunto un determinato numero di persone e le ho portate sul mio sito.

Ecco i risultati di conversione della campagna Ads:

Visite sul sito: 80.290

Iscritti: 10% (8.000 email)

Clienti: 127 (1,58%)

Prezzo medio: 197 euro

Ricavi: 25.000 euro

ROI: 1.037%

Quindi ho ottenuto 80.000 visite, la mia Optin-Page ha convertito il 10% degli 80.000 visitatori, acquisendo 8.000 indirizzi email complessivi, 127 di questi sono diventati miei clienti ed hanno speso una media di 197 euro per un totale di 25.000 euro di entrate.

25.000 euro di entrate a fronte di un investimento di 2.409 euro.

Il ritorno è stato del 1.037% (25.000 euro di profitto / 2.409 euro di investimento in pubblicità). Questo per dire che la strategia funziona perfettamente e che Facebook è un'ottimo strumento in termini di risultati a patto di capire bene come funziona l'intero sistema.

E questa cifra di 3 centesimi è assolutamente fattibile con Facebook Ads. Fattibile, sì. Facile? No. Bisogna fare un grande lavoro di test e di ottimizzazioni sugli annunci e sul target di destinatari per raggiungere questo obiettivo.

Guarda addirittura questo risultato. È relativamente facile fare click a 1 o 2 centesimi su numeri piccoli. È quando fai oltre 2.000 click ad un prezzo medio di 1-2 centesimi che inizia il divertimento:

Costi ?	Copertura ?	Frequenza ?	Clic ?	CTR (Tasso di clic) ?
€ 0,01 Per interazione con un post	1.300	1,01	115	8,732%
€ 0,02 Per interazione con un post	27.442	1,02	1.937	6,910%

Perché? Perché pagare poco i click significa avere un ritorno sull'investimento davvero molto elevato.

Immagina infatti che i click io li avessi pagati 30 centesimi invece di 3. Sarebbe del tutto normale. La cifra di 30 centesimi è considerato il costo medio di un click su Facebook. Molte web agency ti fanno spendere anche più di 40/50 centesimi a click.

Il problema è che a questa cifra il mio business sarebbe morto dopo 7 giorni. Per gli stessi click avrei speso circa 25.000 euro e quindi avrei chiuso con un pareggio, che è assolutamente inaccettabile. Specie quando ti abitui a ritorni del 1.000%.

Quindi, se sbagli una di queste cose, rischi di andare in rosso con l'investimento:

- Se fai un annuncio noioso, paghi troppo i click

- Se la tua immagine non è accattivante, le persone non lo vedono neanche

- Se quello che scrivi è scritto male, la percentuale di click è bassissima

- Se non ti differenzi dai concorrenti, sei solo l'ennesima pubblicità da evitare

- Se porti le persone al click, ma il sito non è adeguato, stai buttando soldi

- Se fai Facebook Ads senza integrarlo all'interno di un sistema completo, rischi di compromettere l'intera riuscita del business e di andare sotto con i costi.

Questo è esattamente quello che ti proporranno le agenzie pubblicitarie: compra e spendi. Poi quello che succede a quei click non è più un problema loro.

Il concetto invece è quello di creare un sistema completo di Marketing Formativo per arrivare alle vendite. E allora come creare un annuncio su Facebook senza fare errori?

3.3 Le 2 strategie per fare Annunci su Facebook Ads

Facebook è uno strumento molto potente che ti permette di raggiungere milioni di italiani mantenendo basse le spese pubblicitarie e riuscendo a coinvolgere nel proprio business persone nuove che neanche sapevano che i tuoi prodotti esistessero.

A differenza di Google Adwords, che si basa su quelle poche ricerche di persone già consapevoli dei propri bisogni, con Facebook Ads possiamo andare noi a creare il bisogno e rendere consapevole gli utenti di avere un'esigenza. A quel punto, tramite il sistema di acquisizione, possiamo portare queste persone nella nostra mailing list e educarle sapientemente al valore della nostra offerta. Detto questo, molte persone mi hanno chiesto come bisogna fare nella pratica per creare un annuncio su Facebook senza commettere errori. Il rischio infatti è quello di compiere passaggi sbagliati, spendere un sacco di soldi e non ottenere alcun risultato. Questo in genere è quello che fanno fare le web agency a imprenditori sprovveduti.

Quindi come fare Annunci su Facebook Ads? Vediamo i 2 modi migliori finalizzati alla vendita di prodotti o servizi.

1) Annuncio rapido tramite Promoted Post
Con il Promoted Post (o Sponsored Post) non fai altro che scrivere uno stato su Facebook, come fai già tutti i giorni, e lo metti in promozione. Questo vuol dire che invece di arrivare alle 100/1.000 persone che seguono la tua pagina, potrai arrivare

anche a 20.000.000 di persone o più in base al budget che metterai.

In pratica, l'annuncio appare nella home page di Facebook (detta NewsFeed) esattamente dove leggi i post di tutti i tuoi amici. In questa sezione appaiono anche post di persone che non conosci. Gli annunci che invece vedi sulla destra, sono gli Ads tradizionali, con immagini più piccole e meno in rilievo.

Bruno Editore

Questo video gratuito insegna come triplicare la tua velocità di lettura in 3 minuti...

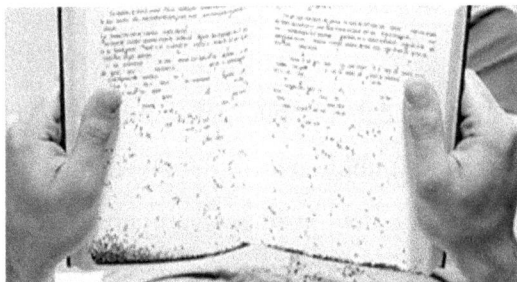

Tecniche Lettura Veloce?
Sì, il tuo cervello in grado di leggere libri ad una velocità di 1 pagina al secondo. Il problema è che la scuola ti ha insegnato abitudini errate. Guarda qui...

WWW.LETTURAVELOCE.NET

Mi piace   Commenta   Condividi

Tecniche Lettura Veloce?
letturaveloce.net

Scopri di più

Qual è la grossa differenza? Quelle sulla destra (Ads) sono palesemente delle pubblicità mentre quelli centrali (Promoted Post) possono sembrare post di un tuo amico o di una persona che segui. In altre parole, non vengono percepiti come pubblicità.

Inoltre ti danno la possibilità di scrivere più testo perché se gli Ads laterali hanno una serie di limiti di caratteri da rispettare, i Promoted Post non hanno limiti di caratteri e possiamo pubblicarli e promuoverli con un semplice bottone.

Tutto quello che devi fare per pubblicizzare il tuo post consiste nel cliccare il bottone "Metti in evidenza il post".

Quindi, se hai già una Pagina Facebook, puoi iniziare da subito a creare il tuo primo annuncio pubblicitario. Se invece hai un semplice profilo privato, allora devi prima creare una Pagina pubblica dedicata al tuo prodotto o alla tua azienda, o semplicemente a tuo nome. E poi parti con l'annuncio.

Ecco la procedura:

1.   Scrivi uno stato sulla tua pagina pubblica Facebook

2.   Inserisci un link verso il tuo sito nello stato

3.   Pubblica il post

4.   Clicca "Metti in evidenza il post"

5.   Seleziona il tuo pubblico (amici, amici degli amici, target specifico)

6.   Inserisci il budget (es: 50 euro per 3 giorni)

Vuoi sapere come ho fatto nel caso di LetturaVeloce.net? Ho scritto il mio post, molto semplice:

Sapevi che il tuo cervello è in grado di leggere 1 pagina/secondo? Scopri tutte le tecniche di lettura veloce in questi 3 video gratuiti.
www.letturaveloce.net

Poi ho cliccato "metti in evidenza il mio post" e a quel punto mi è stato chiesto se promuoverlo verso le persone a cui piace la mia pagina "Bruno Editore" su Facebook oppure ad un pubblico definibile mediante la targettizzazione per età, sesso, lingua, area geografica di appartenenza ed interessi.

Con 2.400 euro di budget pubblicitario, Facebook mi ha detto che potevo raggiungere tra 1.300.000 e 3.500.000 persone. La stima era esatta visto che poi nel corso della campagna ne ho raggiunte circa 2.000.000. In casi come LetturaVeloce.net, ho preferito non targettizzare troppo i destinatari ma lasciare una forbice ampia.

Questo perché il mio pubblico ideale non è tanto chi è appassionato di lettura, bensì i manager, gli imprenditori e tutte quelle persone che hanno bisogno di leggere velocemente per determinati obiettivi, per fare formazione, per leggere articoli e così via più che l'appassionato di lettura che legge un romanzo e che forse non ha poi così bisogno di leggere velocemente.

Ecco ancora i dati della mia campagna su Facebook Ads:

- Budget speso: 2.409 euro
- Persone raggiunte: 1.996.157
- Click sul sito: 80.290
- Costo per click: 3 centesimi

Quindi è molto importante saper scrivere l'annuncio, sapere pianificare il target in maniera esatta perché l'idea è che attraverso queste componenti ho potuto spendere solo 3 centesimi a click. In sintesi: creare annunci è facile ma è importante ottimizzarli per non spendere in maniera eccessiva perché se spendi troppo, il sistema semplicemente non funziona.

Riepilogando il Promoted Post:
- semplice e immediato da impostare
- non sembra pubblicità
- non richiede competenze particolari
- nessun limite sulla lunghezza del testo
- possibilità di stabilire budget e target
- non hai un controllo dettagliato sui costi
- non puoi acquistare per conversione
- non puoi fare pubblicità anche sugli Ads laterali

Vediamo ora come risolvere i punti a sfavore con la gestione avanzata delle inserzioni.

2) Annuncio Avanzato tramite Gestione Inserzioni
Nella gestione inserzioni hai il controllo totale del tuo annuncio. Puoi decidere in maniera chiara dove posizionarlo, chi può

vederlo, chi NON deve vederlo, quanto pagare, costi massimi, costo per click o per conversione e una lunga serie di altri parametri.

È un po' più complesso da strutturare ma le procedure guidate di Facebook ti aiutano comunque ad andare avanti correttamente, impostando tutti i parametri possibili.

Il motivo principale per cui scegliere questo tipo di annuncio è la possibilità di strutturare annunci il cui obiettivo sono le Conversioni, ovvero il costo per email.

Tra i vari obiettivi possibili degli annunci, Facebook ti proporrà di monitorare i click, piuttosto che le conversioni, o i download, o le visualizzazioni di un video o le interazioni con un post. Ad esempio, il Promoted Post lavora di default con le interazioni. Se stai lavorando con il sistema di Marketing Formativo basato quindi sul portare traffico su una Optin-Page per acquisire l'indirizzo email, allora può essere comodo lavorare direttamente sull'obiettivo di *conversione*. In questo modo anche i report di Facebook ti diranno direttamente quanto ti è costata un'email.

Come fa Facebook a sapere se una persona, dopo aver cliccato sull'annuncio, ti lascia il suo indirizzo email? È molto semplice: attraverso un codice (definito "Pixel di monitoraggio") che va inserito nella pagina di conferma dopo la Optin-Page. Quindi l'utente arriva sulla Optin-Page, inserisce l'email e si ritrova sulla ThankYou-Page dove è inserito questo codice. Così Facebook può tracciare tutti gli iscritti.

Ecco la procedura:

1. Vai su gestione inserzioni nel tuo profilo
2. Clicca su "Crea un'Inserzione"
3. Scegli l'obiettivo: "Aumenta le conversioni sul tuo sito web"
4. Inserisci l'url della tua Optin-Page
5. Crea il pixel di monitoraggio e inseriscilo nella ThankYou-Page (la pagina di conferma dopo la Optin-Page).
6. Scegli i Destinatari del tuo annuncio
7. Inserisci il budget
8. Lascia "Ottimizza per conversioni" e imposta l'importo massimo (es 1-1,50 euro per email)
9. Carica un'immagine in formato 1200x628 pixel

10. Scrivi un titolo accattivante in 25 caratteri

11. Scrivi il testo dell'annuncio

12. Seleziona il pulsante "Scopri di più"

13. Sulla destra vedi le anteprime e valuta dove pubblicare (ti consiglio: Notizie PC, Cellulari, Colonna destra)

14. Clicca "Ordina"

Se l'annuncio sarà correttamente impostato, i supervisori di Facebook lo approveranno entro 24 ore.

La procedura di pubblicazione degli annunci su Facebook, dopo un po' di volte che la eseguirai, è semplice. Ciò che invece non è affatto banale è scrivere un annuncio accattivante e riuscire a trasmettere in 25 caratteri il posizionamento sul mercato del tuo prodotto o del tuo brand. E' quello che ho definito *Facebook Brand Positioning*™.

E' vero che ormai Facebook ti consente di scrivere titoli anche superiori ai 25 caratteri, ma la sfida è proprio quella di riuscire a differenziarsi dagli altri e in poche righe riuscire a ottenere il click dell'utente. Considera che su questi argomenti dedico due giornate del mio Master in aula.

Riepilogando la Gestione Inserzioni:

- hai il controllo totale sul tuo annuncio
- decidi dove posizionarlo
- puoi fare test con diverse immagini
- hai il controllo totale dei costi in base all'obiettivo
- hai dei report più dettagliati
- puoi stabilire target molto complessi
- meno immediato da impostare
- limiti sulla lunghezza del titolo e del test

L'ultima nota che voglio dirti riguarda le *immagini* degli Annunci su Facebook: su tanti libri americani potrai leggere che se metti una cornice rossa intorno all'immagine, converte molto di più. Oppure altre stupidaggini simili. Non esiste una formula magica, esistono solo immagini accattivanti, ma che siano anche rappresentative del tuo prodotto o del tuo settore.

Facile mettere una donna sexy per attirare l'attenzione. Ma se poi non c'entra nulla con il tuo prodotto, allora stai semplicemente attirando il target sbagliato.

Quindi utilizza delle immagini professionali, magari comprate regolarmente su istockphoto.com o siti simili, che attirino l'attenzione sul tuo settore. Non utilizzare immagini con scritte, in quanto non verrebbero approvate. Puoi avere un massimo del 20% di spazio occupato da testo, quindi non andare oltre. Se hai dubbi, cerca su Facebook la "griglia di controllo" per valutare la tua immagine rispetto alla quantità di testo.

Caricando 2 o 3 immagini diverse, Facebook alternerà i vari annunci e, a parità di testo, potrai tu stesso verificare quale converte meglio. L'algoritmo di Facebook è così ben fatto che in automatico continuerà a mandare in pubblicità solo le immagini che performano meglio.

3.4 Come aumentare le conversioni degli Ads del 63%

Conversioni basse? È uno dei problemi principali di qualsiasi imprenditore e consulente web che si occupa di Annunci Facebook. In questa case history analizziamo come sono riuscito ad aumentare le conversioni del 63% con un solo semplice elemento.

Come si fa ad aumentare le conversioni? Gli elementi su cui lavorare sono infiniti. Ad esempio, un grande lavoro di ottimizzazione si può fare sulla Optin-Page, magari sperimentando titoli, grafica, immagini, testo, bottoni, etc.

Altrettanto lavoro si può fare sugli annunci di Facebook Ads, provando titoli diversi, immagini diverse e così via.

Ma stavolta ho voluto fare un esperimento diverso. Nessuno dei precedenti elementi, ma un altro che spesso si trascura: il "mittente" dell'annuncio. Il profilo della pagina da cui arriva il Facebook Ads. E i risultati ti stupiranno.

Questi sono i due annunci che ho testato. Assolutamente identici. Stesso testo. Stessa immagine. Stessa descrizione. E anche stessa pagina di destinazione, la stessa Optin-Page.

Ma uno proviene dalla mia pagina "Giacomo Bruno" e l'altro dalla pagina ufficiale di "The Social Millionaire", il nostro gruppo Facebook:

The Social Millionaire
Sponsorizzata · 👍 Mi piace

3 Video Gratis spiegano come far ripartire il TUO BUSINESS grazie a Facebook. Clicca qui:

Sai usare Facebook ADS?
(Da oggi puoi comprare i clienti a 3 centesimi)

Riparti da Facebook

Si, con Facebook puoi raggiungere 40.000.000 di Clienti per il TUO BUSINESS. Scopri le Strategie per gli Imprenditori in questi 3 Video Gratuiti.

WWW.THESOCIALMILLIONAIRE.IT   Guarda di più

Giacomo Bruno
Sponsorizzata · 👍 Mi piace

3 Video Gratis spiegano come far ripartire il TUO BUSINESS grazie a Facebook. Clicca qui:

Sai usare Facebook ADS?
(Da oggi puoi comprare i clienti a 3 centesimi)

Riparti da Facebook

Si, con Facebook puoi raggiungere 40.000.000 di Clienti per il TUO BUSINESS. Scopri le Strategie per gli Imprenditori in questi 3 Video Gratuiti.

WWW.THESOCIALMILLIONAIRE.IT   Guarda di più

114

Quale converte di più? A rigore di logica, visto il target ampio cui ho inviato l'annuncio, ovvero 20.000.000 di italiani maggiorenni, nessuno dovrebbe conoscere né me né il brand The Social Millionaire. Non credo di essere ancora così famoso.

Quindi: "Giacomo Bruno", il perfetto sconosciuto. E "The Social Millionaire", un brand che comunica una qualche idea di fare business attraverso i social.

Di partenza potresti pensare che a parità di annuncio, budget, optin e tutto il resto, il brand aziendale dovrebbe essere più comunicativo rispetto al nome di uno sconosciuto.

E invece no. I test condotti sono molto espliciti e con certezza del 100%. Quando faccio i test investo abbastanza soldi e stavolta ho utilizzato un budget di 4.000 euro per fare in modo che i risultati fossero attendibili e non frutto del caso. Vedo troppo spesso talune web agency proclamare risultati di test basati su 100 euro spesi su Adwords. Quelli non sono risultati attendibili. Ci vogliono migliaia di click per determinare la certezza e l'affidabilità di dati statistici.

Ecco i risultati:

Annuncio The Social Millionaire:
Budget: 2.000 euro
CTR Annuncio: 0,67%
Costo per Conversione: 1,96 euro
Conversioni: 1.020 email
Annuncio Giacomo Bruno:
Budget: 2.000 euro
CTR Annuncio: 1,49%
Costo per Conversione: 1,20 euro
Conversioni: 1.667 email (+63%)

Il vincitore è Giacomo Bruno con il 63% in più di conversioni.

Eh sì, ho fatto concorrenza alla mia stessa azienda e l'ho vinta. Cosa ha determinato questa vittoria?

Ritengo che nonostante il brand possa essere più esplicito sul messaggio, tuttavia trattandosi di un Social Network, le persone preferiscano il rapporto con le altre persone, seppur sconosciute, piuttosto che con brand aziendali. Non solo. Credo che ci sia anche una preferenza "percettiva".

Un annuncio posizionato nella colonna centrale generalmente ha click maggiori rispetto all'Ads laterale in quanto non viene percepito come pubblicità ma come il post di un amico. Ma se il profilo è aziendale, come nel caso di The Social Millionaire, allora è probabile che la percezione tenda verso la pubblicità, andando così a bruciare la percentuale di click sull'annuncio. In base a questo test, mi sento di consigliare come regola generale di fare annunci prevalentemente a nome di persona fisica e non di azienda. Tuttavia ci saranno sicuramente casi in cui si sarà obbligati ad usare il Brand aziendale, e così sia. O altri casi in cui si avranno forti dubbi sulla strategia.

Ecco, in tutti questi casi vale la regola di base: esegui dei test. E poi altri test. E poi altri test. E' l'unico modo certo per verificare quale sia la risposta migliore nel tuo settore. Pensa anche a come una differenza del 63% potrebbe impattare il tuo fatturato. Spesso prendiamo questi numeri come semplici esempi tecnici di una strategia di web marketing. Invece significa sottovalutarla. Forse non ti rendi conto...

Se a parità di budget avrai il 63% di conversioni in più, vuol dire che a fine della catena otterrai il 63% di clienti in più e quindi il 63% di fatturato in più. Se oggi fai un fatturato di 100.000 euro, vuol dire che solo cambiando un elemento dell'annuncio potresti fare 163.000 euro. O se parti da 1.000.000 di euro, potresti trasformarli in 1.630.000 euro. Non è poco.

Altra considerazione da imprenditore: qualsiasi azienda ha dei costi fissi. Spesso elevati. Quei costi permangono sia che l'azienda fatturi 10 euro, sia che ne fatturi 100 o 1.000. Dipendenti, uffici, consulenti, commercialisti, etc. Se tu aggiungi 630.000 euro (o 63.000 euro) al tuo fatturato, è probabile che questo guadagno aggiuntivo sia tutto margine. Perché le spese fisse non aumentano in base al fatturato. Quelle te le sei già ripagate con il fatturato che fai oggi. Se tu lo raddoppi o lo aumenti, allora i margini potrebbero triplicare o anche decuplicare. Quindi prendi molto sul serio questi numeri e inizia a capire come implementare il sistema di Marketing Formativo nel tuo business.

Capitolo 4:
Come Ottenere Conversioni
dal 10% al 50% sul Tuo Sito

4.1 I siti tradizionali perdono 99 visitatori su 100

Molti pensano che per acquisire nuovi clienti ci si possa presentare online con un sito tradizionale o magari con un sito ecommerce. Il problema, però, è che il sito tradizionale costa migliaia di euro e non è in grado di raggiungere e soprattutto di convertire i milioni di clienti italiani.

In Italia possiamo davvero raggiungere tante persone e farle entrare all'interno del nostro marketing, del nostro business e della nostra attività. Il problema è che il sito tradizionale e il sito ecommerce non sono strutturati per convertire queste persone in clienti.

Come possiamo raggiungere milioni di persone? Come abbiamo già visto: innanzitutto con i social network. Facebook in primis, ma anche gli altri in qualche modo possono aiutarci a raggiungere tantissime persone che sono online.

Gli strumenti che si possono utilizzare sono diversi: dalla pubblicità online ai sistemi gratuiti come l'ottimizzazione per i motori di ricerca. O ancora, si possono generare delle partnership con persone del proprio settore e del proprio business e scambiarsi un'email pubblicitaria per segnalarsi a vicenda.

Il problema è che con un sito tradizionale non ti posizioni come l'esperto del settore o come il vero numero uno del mercato. Se vai a leggere la sezione "Chi Siamo" di qualsiasi sito aziendale, tutti si dichiarano come i numeri uno e come i leader del proprio settore, ma il vero posizionamento è quando le persone si rendono conto che sei davvero tu il numero uno. E per questo lavoriamo con un sistema di marketing formativo, basato sull'acquisire il contatto e formarlo al valore delle nostre offerte.

Il concetto è che prima di mettere i tuoi soldi in mano ad una web agency per farti fare il "sito web" cerca di informarti su come funziona il marketing online e cosa oggi funziona realmente in Italia. In questo modo puoi tenerti lontano dalle tante bugie che circolano in questo mondo.

In altre parole, abbiamo una serie di problemi da affrontare, così come le relative soluzioni che io stesso ho ricercato e trovato in tanti anni di esperienza e in tanti settori diversi.

La prima soluzione consiste nel creare tanti contenuti gratuiti e virali e pubblicarli sui social network. Se darai un'occhiata alle nostre pagine Facebook, le troverai piene di regali, video gratuiti, ebook e primi capitoli in omaggio. Questo perché vogliamo che le persone ricevano valore da noi anche senza spendere soldi. Questo è molto importante per farsi conoscere e per fare girare il proprio nome.

Inoltre è essenziale sapere come si fa una pubblicità, sapere come scrivere ed imparare a creare testi persuasivi. Altrettanto importante e fondamentale è sapere creare Optin-Page ad alta conversione.

Le Optin-Page sono pagine ad altissima conversione focalizzate sui clienti.

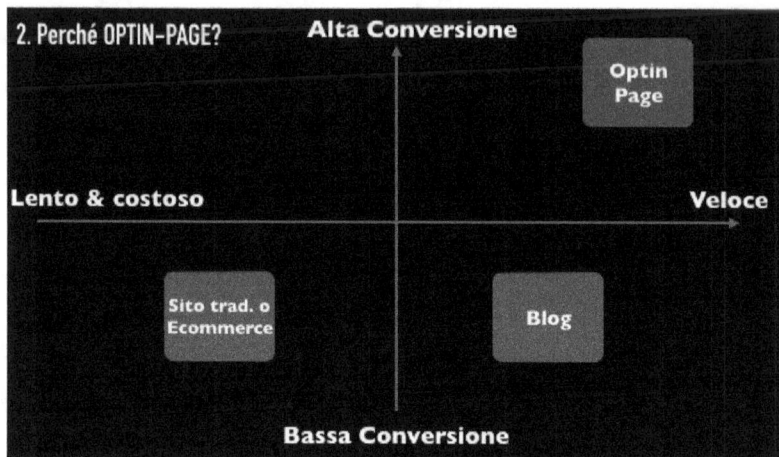

Si tratta di una pagina, molto semplice graficamente, che funziona almeno 10 volte di più rispetto a un sito tradizionale per una serie di ragioni. Innanzitutto perché ha un solo obiettivo, cioè quello di convertire il visitatore in contatto. Non ci sono altri link e non c'è altra azione da fare: o il visitatore si iscrive o se ne va.

Ecco perché molto spesso le persone che sono interessate all'argomento, lasciano la propria email e si iscrivono alla propria mailing list.

Inoltre, la Optin-Page funziona perché i testi sono strutturati in maniera talmente persuasiva da fare poi la differenza tra un sito che converte e un sito che non converte.

Vantaggi delle Optin-Page:

- La Optin-Page è focalizzata su un solo obiettivo
- Non ci sono distrazioni
- Non ci sono link esterni
- Il visitatore o si iscrive o se ne va
- Il testo è scritto in maniera semplice e persuasiva

Adesso ti porto alcuni esempi per farti capire di cosa stiamo parlando. Sentirai parlare spesso di termini come "conversione" e "convertire". Questi termini evidenziano la percentuale di persone che arriva sul nostro sito e diventa poi un nostro contatto e un nostro cliente. Il vero segreto delle Optin-Page è proprio l'altissima conversione, perché i siti web tradizionali convertono effettivamente pochissimo.

Optin-Page di Lettura Veloce – Conversione 10%:

Leggere 1 pagina/secondo?

Sì, il tuo cervello è in grado di leggere libri ad una velocità di 1 pagina al secondo. Il problema è che la scuola ti ha insegnato abitudini errate.

Questi 3 Video Gratuiti ti Rivelano:

1. Perché ogni volta che leggi un testo ti distrai spesso e perché ti capita di tornare indietro per rileggere sempre le stesse cose.

2. Come rendere fluida la tua lettura con una tecnica molto semplice che puoi applicare già dopo 5 minuti di esercizi.

3. Una tecnica straordinaria per memorizzare qualsiasi tipo di informazione in pochi secondi.

4. Come triplicare la velocità di lettura, aumentando anche la comprensione del testo.

Sì, inviatemi i 3 Video »

Li riceverai nella tua email entro 60 secondi

Optin-Page dell'ebook Posiziona il tuo brand

Conversione 14%:

Optin-Page sugli Investimenti in Immobili – Conversione 33%:

GRATIS: Come Crearti delle Rendite con gli Immobili anche se non hai Esperienza, Soldi o Tempo.

3 PDF gratuiti con i **segreti per investire in immobili a reddito** usando la leva finanziaria per comprare senza soldi e moltiplicare il tuo ritorno economico fino al 100%.

Accesso Gratuito »

Scarica i 3 PDF sugli Immobili

Ecco come investire in immobili
anche se pensi che sia difficile e rischioso

Molte delle persone che si avvicinano agli immobili ritengono che gli investimenti immobiliari siano **difficili e rischiosi.**

E' vero o no? Dipende.

Dipende se l'investimento è finalizzato alla **compravendita veloce o alla messa a reddito.**

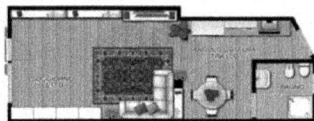

Comprare un immobile per rivenderlo subito dopo a un prezzo più alto può avere un **grado di rischio molto elevato.** Se il mercato scende ti ritrovi con un bel passivo e tanti debiti da pagare.

Optin-Page sul Network Marketing – Conversione 35%:

GRATIS: Come Crearti delle Rendite con il Network Marketing anche se non hai Contatti, Soldi o Abilità di Vendita.

3 PDF gratuiti con i **18 segreti del network marketing** per crearti rendite e guadagni extra sin dal primo mese.

Accesso Gratuito »

Scarica i 3 PDF sul Network Marketing

Rendite Extra con il Network Marketing
iniziando a guadagnare sin dal primo mese di lavoro

Non sarà la solita fregatura online su come guadagnare denaro?

Hai ragione, esistono tante fregature online e tante finte promesse di guadagno. Questo è innegabile. Però sono anche facili da riconoscere: tutte infatti ti chiedono **soldi** per entrare nei rispettivi programmi.

Qui è tutto gratis e con i nostri PDF ti insegnamo come crearti delle rendite con il network marketing, spiegandoti anche come distinguere i network seri degli **schemi piramidali** e dalle catene di Sant'Antonio, che non sono altro che truffe basate solo sul reclutamento di altre persone, senza una reale distribuzione

Optin-Page del videocorso Diventare Coach – Conversione 44%:

Questa sono alcune delle Optin-Page che io utilizzo per le mie aziende. Le persone possono arrivare qui e scaricare dei miei video gratuiti o dei pdf semplicemente cliccando sul bottone e lasciando il proprio indirizzo email.

Ciò significa convertire le persone che arrivano sul sito in miei contatti, ossia in persone che andranno poi a popolare la mia mailing list e alle quali potrò poi mandare informazioni sul valore del mio lavoro ma anche su specifici prodotti di quell'argomento per chi vorrà approfondire.

Le Optin-Page sono lo strumento migliore in assoluto per generare nuovi contatti e convertirli in clienti.

Lascia adesso che ti mostri nuovamente, alla luce di quanto imparato, la strategia che riguarda proprio la Optin-Page di LetturaVeloce.net, che avevamo già preso come case-history nei capitoli precedenti.

Quella che vedi qui sotto è esattamente la Optin-Page di LetturaVeloce.net mentre a sinistra puoi notare l'annuncio Facebook che altro non è che un post che prima ho pubblicato e poi ho promosso attraverso la mia pagina Facebook ufficiale.

In questo annuncio ho sfidato le persone chiedendo loro se sapevano che il loro cervello era in grado di leggere pagine ad una velocità di una pagina al secondo. In molti hanno cliccato sull'annuncio e sono arrivati sulla Optin-Page.

Questa di LetturaVeloce.net è stata una delle prime che ho creato e pensa che ha convertito il 10%. È tantissimo rispetto ad un sito tradizionale che, come già detto, converte in media l'1%, ossia dieci volte di più.

Questo vuol dire che su 100 persone che arrivavano sulla mia

Optin-Page, 10 hanno lasciato la propria email.

Nella mia carriera e in tutte le mie Optin-Page non sono mai sceso sotto al 10%. Pensa che ho raggiunto percentuali del 20%, 30%, 40% e anche del 50% di conversione, ossia una persona su due che si iscrive lasciando la propria email.

Tra l'altro, questo è stato il mio primo esempio di Optin-Page. L'attuale sito di LetturaVeloce.net è attorno al 14%, per cui si può sempre migliorare e raddoppiare le iscrizioni.

Ricapitolando: come avevamo già visto nelle pagine precedenti, per prima cosa ho realizzato e promosso un annuncio a pagamento tramite Facebook Ads.

Con questo annuncio, ho raggiunto quasi 2.000.000 di persone, e di queste hanno cliccato sopra all'annuncio in 80.290, arrivando sul mio sito web di LetturaVeloce.net e facendomi spendere una media di 3 centesimi per ogni click.

Successivamente, il 10% delle 80.000 visite sono diventati miei contatti lasciandomi quindi il loro indirizzo email ed entrando all'interno della mia mailing list. Poi l'1,5% di queste, ossia 127

GIACOMO BRUNO – MARKETING FORMATIVO

persone, sono diventati miei clienti acquistando il mio Master in lettura veloce con una spesa media di 197 euro, generando un fatturato di 25.000 euro in appena sette giorni. Stiamo parlando di una strategia assolutamente incredibile.

Tieni inoltre presente che questi dati non sono neanche ottimizzati. Il 10% è una percentuale bassa per una Optin-Page. L'1,5% riguardo le persone che hanno comprato è basso e si può ottimizzare. Quel che è certo è che già da questo primo esperimento il ritorno è stato incredibile, con un ROI superiore al 1.000%.

In altre parole, ho ricavato 25.000 euro spendendone 2.409 euro e quindi ho avuto un ritorno economico superiore del 1.000% in una settimana. Questo è stato un risultato che ha stupito anche me e che continua a dare i suoi frutti nel tempo. Ottimizzando tutti i passaggi del sistema puoi generare il massimo profitto minimizzando i costi.

Insomma, in qualsiasi settore tu sia, la Optin-Page ti permette di moltiplicare i tuoi clienti e le tue entrate.

Questa è la cosa più importante che devi sapere visto che ho sperimentato questa stessa strategia in settori diversissimi, dapprima nei miei, poi in quelli dei miei clienti, poi in quelli dei miei partecipanti al Master e infine in quelli delle persone che hanno fatto una consulenza con me per mettere in piedi un sistema simile a questo nel loro settore. In tutti questi casi i risultati sono sempre arrivati.

Considera inoltre che se hai un sito tradizionale, questo converte circa l'1%, e quindi oggi stai perdendo 99 contatti su 100, lasciando sul tavolo davvero molti soldi e perdendo inoltre l'opportunità di moltiplicare il tuo fatturato. Ad esempio, se l'1% ti rende oggi 10.000 euro, avere il 10% di conversione significa decuplicare il tuo fatturato. Questo è l'obiettivo che devi avere in testa.

4.2 Aumentare le Vendite di un Sito ecommerce con il Marketing Formativo

Cosa fare se invece delle Optin-Page hai sempre usato un sito tradizionale o un sito ecommerce? È molto probabile che gli ultimi due anni non siano stati un periodo particolarmente florido per te. Eppure ci sono siti in splendida forma che continuano a crescere e fatturare. Qual è il segreto? Quali strategie si possono applicare per aumentare le vendite di un sito ecommerce? Come applicare il Marketing Formativo a questo settore?

Innanzitutto partiamo dai 3 problemi di un ecommerce:

- Budget limitato per acquisire nuovi contatti
- Scarsa conversione dei contatti in clienti
- Difficoltà a vendere ai vecchi clienti

Di fronte a queste problematiche, generalmente l'imprenditore che si dedica all'ecommerce, spinto dalla web agency di turno, decide di investire in pubblicità.

La pubblicità ti porta ad aumentare le vendite? No.
E ti spiego perché.

Se fai pubblicità su Google Adwords, oltre al fatto di pagare tanto per un click, ricevi in assoluto poche visite. Con un numero spesso inferiore a 100 visite al giorno, difficilmente puoi fare numeri che ti permettono di tenere in piedi l'azienda. Con le vendite non ti ci ripaghi neanche la web agency che ti cura gli annunci. Se fai pubblicità su Facebook Ads paghi poco i click ma i clienti NON comprano. La verità è che, come dico sempre, Facebook ti porta numeri enormi ma di persone sconosciute che non sanno chi sei, come lavori, cosa hanno di speciale i tuoi prodotti. I famosi contatti freddi. Questi contatti vanno formati. Gli va spiegato cosa fai. Perché sei unico. Cosa possono trovare di speciale sul tuo ecommerce. E così via. Qui entra in gioco il Marketing Formativo.

Hai un ecommerce? Devi spiegare in cosa il tuo sito o il tuo prodotto è unico rispetto agli altri. E così via per tutti coloro che hanno in mano una qualsiasi forma di business.

Questo è lo schema di come applicare il sistema di Marketing Formativo al tuo sito ecommerce:

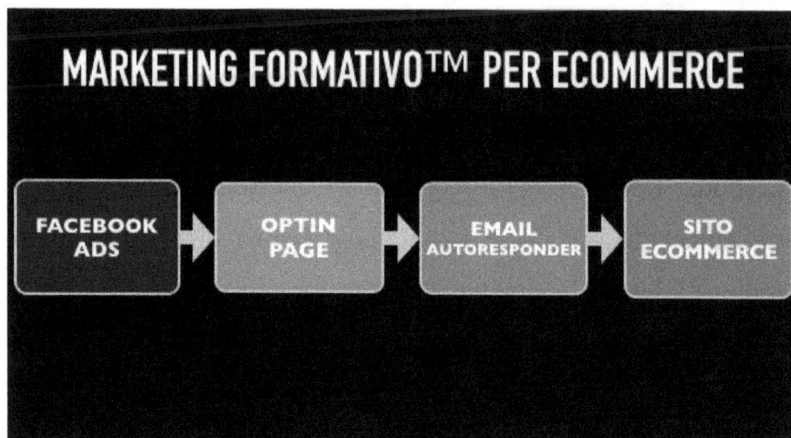

La prima cosa da notare è che il sito ecommerce va in fondo al sistema e non all'inizio, come fanno in molti. Se tu pubblicizzi direttamente l'ecommerce, non funziona e aumentare le conversioni è impossibile. In generale non è sostenibile economicamente.

Al contrario, con il sistema di Marketing Formativo, tu prima acquisisci il contatto del cliente, magari regalando un ebook, un coupon, un video, poi lo formi al valore dei tuoi prodotti e solo alla fine lo mandi al sito ecommerce dove il potenziale cliente è finalmente pronto a comprare con conversioni altissime.

Anche per gli ecommerce si parte dal programma pubblicitario di Facebook. Compriamo quindi visite su Facebook Ads e le portiamo su un'Optin-Page, per convertire il visitatore proveniente da Facebook in un contatto email. In questo modo, già inizi a catturare le email dei tuoi potenziali clienti.

Successivamente attraverso le loro email, hai la possibilità di inviare loro una serie di messaggi formativi in automatico sulla categoria di appartenenza dei tuoi prodotti ecommerce.

Solo alla fine del processo di Marketing Formativo, questi contatti vengono rimandati verso il Sito ecommerce dove avviene la vendita vera e propria. A questo punto le persone, dopo esser state "scaldate" dalla tua sequenza di email e dopo esser state formate verso il tuo prodotto o servizio, si convertono finalmente in clienti, con conversioni altissime.

Poi il ciclo ricomincia, perché i soldi generati dalle vendite vengono reinvestiti nella pubblicità per avere ancora più clienti e ancora più vendite, generando quindi un ciclo infinito del successo. In questo modo non avrai mai problemi di budget pubblicitario né di acquisizione clienti.

Questo è il modello di vendita tradizionale SENZA Marketing
Formativo: (Facebook Ads => ecommerce)

Semplicemente pubblico un annuncio su Facebook e pubblicizzo
la vendita del libro a 9,97 euro sul sito ecommerce dell'editore.

Risultati? Scarsissimi, meno dell'1% di vendite. E il restante 99%
è perso per sempre.

Perché? Perché Facebook NON è adatto a tecniche di vendita diretta. La gente non è pronta a comprare, non c'è ancora quel rapporto di fiducia e di conoscenza necessario ad una compravendita.

Questo è il modello di vendita tradizionale CON Marketing Formativo: (Facebook Ads => Optin-Page => Autoresponder => ecommerce)

In questo caso lo stesso annuncio mira ad una Optin-Page che raccoglie l'indirizzo email dell'utente in cambio di un estratto gratuito dell'ebook.

Visto che è gratis, le barriere sono molto basse, e la conversione non è dell'1%, bensì di 14 volte più alta. Considera che non è neanche un risultato pazzesco, in quanto ho altre pagine che convertono fino al 50%.

A questo punto la persona riceve il materiale gratuito, si appassiona e si forma all'argomento, riceve altre email formative sull'argomento del Brand Positioning e decide di acquistare l'ebook a pagamento come parte finale del nostro sistema, con conversioni altissime e clienti già fidelizzati.

Inoltre abbiamo l'email del cliente e quindi possiamo continuare a formarlo su questo e su altri argomenti correlati per vendere ulteriori prodotti del nostro sito ecommerce e aumentare le vendite e il valore finale di ciascun cliente.

Un ecommerce può aumentare le vendite da 14 a 50 volte rispetto ad oggi, grazie al Marketing Formativo.

Tradotto in numeri cosa significherebbe nel tuo business?
Prendi il tuo fatturato attuale e moltiplicalo per 50...

Ora la questione non è credere a questi numeri o pensare che siano promesse sparate in alto. Innanzitutto inizia a testare la tua idea di business, anche solo con piccoli budget.

Dall'altra quello che ti chiedo è questo: che alternative hai? Te lo dico io, che come te sono un imprenditore e ho già vagliato tutte le opzioni per le mie aziende. Non ci sono altre opzioni.

Google Adwords non è un'opzione perché ti porta poche visite e costano troppo. Altre forme pubblicitarie non funzionano. Il passaparola è morto. Quindi o fai qualcosa ora per la tua azienda, o lo farà il tuo concorrente. Questa è davvero la soluzione definitiva.

So già che arriva presto la domanda: «Ma io non faccio formazione come te, non vendo infoprodotti né corsi, il mio ecommerce è nel settore XYZ quindi è completamente diverso».

E ancora una volta stai sbagliando. Non hai letto quello che ti ho scritto più e più volte. Siamo tutti nello stesso settore: Marketing Formativo. Tu devi portare sul mercato un prodotto. Devi formare i tuoi potenziali clienti, devi spiegargli in cosa ti differenzi, devi far risaltare la tua unicità.

Ti è mai capitato di dover spiegare di cosa ti occupi, perché il tuo prodotto o servizio è utile e che benefici dà? Lascia che sia il tuo sistema di Marketing Formativo a farlo per te in automatico. Risparmi tempo e denaro.

4.3 Come testare un'idea di business con 50 euro

Hai avuto l'idea del secolo? Bene, non dare per scontato che abbia un valore anche per gli altri. Perché l'idea vale solo se attira clienti e soldi. Altrimenti può avere un valore per te, un valore affettivo, ma non un reale valore di mercato.

Ogni tanto capita *l'Imprendiglione* che ti dice: «Ho l'idea del secolo e visto che dici di essere così bravo facciamo che tu ti occupi del marketing e poi ti pago il 50% degli incassi».

La verità da capire è che il valore non è nel prodotto o nell'idea del secolo, ma prevalentemente nel sistema di Marketing Formativo che ti porta i clienti (e quindi i soldi).

Il che non vuol dire che il "prodotto di qualità" non serva. È ciò che vendiamo ai clienti e deve soddisfare le promesse fatte. Ma senza clienti, il miglior prodotto non serve a niente.

Fatta questa necessaria premessa, veniamo al punto. Hai quella che ritieni essere un'ottima idea per un prodotto e servizio. E visto che segui questo blog, sai che prima di definirla un'idea di valore bisogna sapere se il mercato è disposta a pagare per averla.

L'Imprendiglione cosa fa?
Apre una società, spende 10.000 euro, mette il capitale sociale, paga il notaio, anticipa soldi al commercialista, si fa fare il sito dalla web agency, e comincia la sua attività di vendita. Non si è neanche chiesto se l'idea funziona ed è già sotto di 20.000 euro. Non va bene. Bisogna testare un'idea sul mercato prima di andare in produzione. Mi rendo conto che non è un concetto facile da capire e che è in genere riservato a corsi e master di alto livello professionale. Ma ecco qui cosa fare.

L'Imprenditore cosa fa?
Acquisisce clienti prima ancora di avere il prodotto in mano. In

questo modo testa il mercato e se funziona incassa anche soldi per finanziare il suo stesso progetto.

Non ti sto parlando di mettere la tua idea su siti tipo Kickstarter finalizzati a farti finanziare. Bensì qualcosa di molto più semplice. Utilizza il sistema di Marketing Formativo e testa la tua idea con 50 euro. Come usare questo sistema per testare una nuova idea di business con 50 euro?

Semplice. Inizia dall'annuncio Facebook. Prepara il sistema come se fosse tutto pronto al lancio e vedi la risposta del mercato.

Nessuno clicca sull'annuncio? È un brutto segno.

Nessuno si iscrive alla Optin-Page per saperne di più? È un brutto segno.

Ti bastano 50 euro di pubblicità su Facebook Ads, non di più, per iniziare a capire se c'è interesse da parte del mercato. Se nessuno clicca e nessuno si iscrive, non c'è interesse. Lascia perdere, risparmiati i 20.000 euro e cambia progetto.

Con 50 euro raggiungi circa 50.000 persone online. È una bella fetta per farti un'idea del valore del tuo prodotto o servizio.

Un bel risultato potrebbe essere che di quelle 50.000 persone raggiunte, 500 cliccano sull'annuncio (1%) e di queste 50 si iscrivono nella Optin-Page (10%). Prima ancora di iniziare il tuo business hai già 50 potenziali clienti interessati.

Oggi questo sistema ti permette di fare dei test ad un costo così basso che è impensabile non adottare questa strategia se vuoi lanciare un nuovo prodotto o servizio.

Ma cosa dire al cliente se poi il prodotto ancora non è pronto?

Innanzitutto puoi utilizzare gli appositi template di Optin-Page che software come Leadpages o Clickfunnels ti permettono di creare in 3 click. Alcuni sono fatti apposta per i lanci.

Puoi benissimo dire che il tuo prodotto sarà disponibile tra 4 giorni, piuttosto che 40 giorni, e consigliare all'utente di iscriversi proprio per essere avvisato del lancio e intanto ricevere gratuitamente un bel pdf gratuito che introduce l'argomento.

Ne vuoi una prova? Questro stesso libro ha avuto *oltre 23.000 copie prenotate prima di essere pubblicato.* Con un semplice lancio su Facebook.

Addirittura potresti valutare di farti già pagare per il prodotto, così da avere le risorse per autofinanziarti la produzione. Nell'economia globale di oggi, la maggior parte delle vendite avviene con pagamento anticipato e consegna a 30/180 giorni.

Pensa alle auto: tu paghi una corposa caparra e solo dopo l'ordine parte la produzione del modello. Per i mobili di arredamento stessa cosa: tu paghi e la consegna è a 60/90 giorni. Si può arrivare anche a 180 giorni per i mobili di alto design.

Quindi, attraverso questo sistema puoi gestire, controllare perfettamente e numericamente le tue entrate, prima ancora di spendere soldi per tutto il contorno.

Ora devi solo applicarlo alla tua azienda e al tuo business. Per fare questo è importante conoscere bene il sistema di acquisizione clienti di Marketing Formativo basato su Facebook Ads e Optin-Page.

Perché è importante fare le cose fatte bene? Perché se scrivi male l'annuncio, lo mandi al target sbagliato, o sbagli qualche impostazione rischi di avere dei risultati pessimi anche su un'idea buona. Cioè il problema potrebbe non essere nell'idea da testare ma nella realizzazione tecnica del sistema. Magari hai davvero l'idea del secolo ma pensi che non valga niente perché non hai ricevuto abbastanza click.

Quindi innanzitutto impara bene il sistema di Marketing

Formativo e come strutturare i contenuti formativi da regalare in cambio dell'email dei tuoi potenziali clienti.

Capitolo 5:
Come Strutturare i Contenuti Formativi per Vendere di Più

5.1 Come creare contenuti formativi rapidamente

Alla base del Marketing Formativo c'è la creazione e la successiva condivisione di contenuti formativi che hanno come obiettivo quello di educare le persone sul prodotto o servizio che la tua azienda produce.

Questo significa che maggiore sarà il numero di contenuti formativi che riuscirai a produrre, maggiore sarà la probabilità che molti tuoi potenziali clienti comprendano il valore dei tuoi prodotti e acquistino da te invece che da un tuo competitor. Quello che scoprirai in questo capitolo è come creare contenuti formativi in maniera rapida e senza sforzo, anche se non sei uno scrittore.

In quanto imprenditore, dovrai essere in grado di generare

contenuti formativi di qualsiasi tipo. Non intendo solo i classici libri e report, ma anche quelli in formato audio e video. Oppure anche i semplici articoli del blog. In genereale quelli più efficaci per educare i tuoi potenziali clienti ai tuoi prodotti o servizi.

Prima di valutarli nello specifico uno ad uno, tieni sempre a mente questo: qualunque sia la tipologia di contenuto che deciderai di utilizzare, struttura i tuoi contenuti focalizzandoti sul problema più grande dei tuoi potenziali clienti. Agitalo e mostra chiaramente le conseguenze cui andranno incontro se non lo risolveranno, ed infine fornisci tu la soluzione, che nel tuo caso sarà proprio il tuo prodotto o servizio.

Qual è la tipologia di contenuto formativo più utilizzata al mondo? *Il libro.*

Nel libro spieghi esattamente ai tuoi potenziali clienti come risolvere un problema o un'esigenza specifica. Vanno strutturati per insegnare al lettore a fare qualcosa o a risolvere un problema, appunto.

Perché sono così efficaci? Perché nel momento in cui educhi qualcuno verso qualcosa, la persona che leggerà il tuo libri capirà che non solo sei estremamente competente di quella materia, ma ti posizionerà come esperto assoluto di quel settore.

Questo significa che nel momento in cui avrà bisogno di qualcuno cui affidarsi, non andrà dal tuo competitor, ma verrà da te perché attraverso quel semplicissimo libro non solo gli hai permesso di risolvere un problema specifico, ma nel farlo hai dimostrato la tua bravura educandolo verso i tuoi prodotti o servizi.

Creare un libro o anche un piccolo report in pdf è semplicissimo. Ti basta scrivere il tuo documento in un editor di testo come Word (per Pc) o Pages (per Mac) e salvarlo in formato pdf.

Per tutto ciò che riguarda la scrittura e la pubblicazione di un libro ti consiglio di farti guidare da un editore esperto e di approfondire su questo sito: https://www.brunoeditore.it

Un'altra tipologia di contenuto molto interessante, questa volta in formato video, sono i *Video-Tutorial*, ossia video presentazioni registrate dove ci sei tu che commenti una serie di slide che hai preparato in Powerpoint e dove c'è un software che registra tutta la presentazione che esponi attraverso il computer.

Questa tipologia di contenuto è molto interessante perché è senza dubbio quella con il massimo valore percepito. A differenza del report in pdf in cui è presente la sola componente testuale, nel caso del video-tutorial le persone non solo hanno la possibilità di leggere le slide che hai preparato loro ma hanno anche la possibilità di sentire i tuoi commenti in sottofondo che aiutano loro a risolvere il proprio problema.

In altre parole, il video-tutorial aumenta il tuo livello di autorevolezza perché favorisce il livello di vicinanza tra te e i tuoi potenziali clienti. Tutto ciò si tradurrà in un aumento di vendite. Non è un caso se YouTube è pieno di contenuti video di questo tipo. Il motivo è dato appunto dalla loro efficacia.

Per creare un video-tutorial formativo ti basta preparare una presentazione in Powerpoint (su Pc) o in Keynote (su Mac) e registrare attraverso un microfono, in pochi minuti, la tua presentazione. A tal proposito, un ottimo software che ti consente di registrare la tua video presentazione è sicuramente Camtasia, disponibile sia per Pc che per Mac.

E se invece di un contenuto formativo in formato testuale (report in pdf) o video (video-tutorial) volessi creare un contenuto in formato *audio*, come potresti fare? Negli ultimi anni sta letteralmente esplodendo la tendenza a pubblicare *Podcast*.

I podcast sono dei contenuti formativi in formato audio (generalmente mp3) che, una volta pubblicati in iTunes e in Google Play Store, ti consentono di raggiungere migliaia di persone a costo zero.

All'interno di questi podcast hai la possibilità di condividere informazioni di valore con il tuo mercato di riferimento e nel farlo, oltre a posizionarti anche qui come esperto di settore, hai la possibilità di creare un tuo seguito di fan e quindi persone realmente interessate a quello che hai da offrire loro. Inutile dire che sono sempre di più le persone che hanno iniziato a pubblicare podcast, fiutando l'opportunità che questo strumento offre.

Creare un contenuto audio di questo tipo è semplicissimo: ti basta avere un Pc, un microfono e un buon programma gratuito di registrazione audio come ad esempio Audacity (Pc) o QuickTime (Mac). Dopodichè ti basta pubblicare, previa iscrizione, i tuoi contenuti audio sullo store di Apple (iTunes) ed Android (Google Play Store).

Ora che abbiamo analizzato le tre tipologie di contenuti più efficaci da utilizzare per le tue tecniche di marketing, ecco che si presenta un'altra domanda interessante che sono certo ti sarai posto e cioè: come posso fare per crearli rapidamente?

Tutti noi vogliamo metterci all'opera e vedere al più presto i risultati. Eppure esistono due modi diversi di affrontare la questione, un modo giusto e un modo sbagliato.

Il modo sbagliato di creare contenuti informativi consiste nell'iniziare a scrivere subito quello che ti viene in mente senza curarti di seguire un certo schema logico. Questo approccio è purtroppo tipico della maggior parte delle persone che si cimentano in questa tipologia di attività. Magari queste persone hanno talmente tante idee in mente, alcune anche buone, da iniziare a creare contenuti formativi in maniera così veloce da non arrivare mai al nocciolo del problema, che è poi quello che interessa di più ai propri utenti.

Invece, il modo corretto di creare contenuti formativi consiste nel pianificare attentamente i contenuti dell'argomento che andrai a trattare proprio come fanno i professionisti. Ad esempio, parti dalle parole chiave e poi fai una mappa mentale dell'argomento. In questo modo, in poco tempo, avrai già tracciato lo scheletro del contenuto che andrai a creare. A quel punto non dovrai fare altro che sviluppare ciascun elemento in maniera argomentativa.

Un altro modo estremamente rapido per generare contenuti informativi è il seguente. Supponiamo che il tuo obiettivo sia quello di creare un report in pdf su un determinato argomento. Puoi procedere, come spiegavamo prima, sviluppando i singoli punti della mappa mentale che hai creato oppure registrando un audio con la tua voce e poi procedere con la trascrizione dello stesso in modo tale da avere un testo pronto. In questo modo avrai come risultato lo stesso contenuto sia in formato audio sia in formato testuale.

Ancora, un altro modo molto veloce ed efficace per creare contenuti informativi consiste nell'affidarsi a un *ghostwriter*, ossia uno scrittore professionista che in cambio di una certa somma di denaro scriverà contenuti al tuo posto. Trovare qualcuno davvero in gamba cui affidare questo compito non è sicuramente facile, soprattutto in mercati molto di nicchia, ma un buon posto dove iniziare la ricerca del tuo scrittore virtuale è senza dubbio Google.

Arrivati a questo punto, dopo aver analizzato le tre tipologie più efficaci di contenuti formativi e dopo aver scoperto alcune tecniche per crearli rapidamente, rimane solamente una domanda da affrontare e cioè: cosa inserire nei contenuti?

Questa è una domanda importantissima vista l'importanza che ne deriva. Devi sapere, infatti, che non basta creare un contenuto formativo per generare nuovi clienti. Per trasformare un potenziale cliente in cliente effettivo devi effettuare il cosiddetto processo di conversione.

In altre parole, un potenziale cliente si converte in cliente effettivo quando capisce che il tuo contenuto è così tanto di valore da essergli davvero utile per risolvere il proprio problema o la propria esigenza specifica. Questo comporta che, qualunque sia la tipologia di contenuto che andrai a creare, se vuoi aumentare le conversioni, il tuo obiettivo sarà quello di creare contenuti formativi contenenti strategie efficaci e applicabili sin da subito.

Ad esempio, se sei un architetto specializzato in interior design e decidi di creare un report in pdf che spiega "I 5 modi per arredare casa con 1.000 euro di budget", il tuo obiettivo non sarà quello di limitarti a spiegare quali sono questi 5 modi ma dovrai entrare nel dettaglio spiegando esattamente in cosa consistono e cosa deve fare esattamente il lettore per riuscire a risolvere da solo questa esigenza specifica. In altre parole, devi mettere la soluzione del problema nelle mani dell'utente.

Se condividerai queste informazioni in maniera corretta, l'utente non solo capirà che sei estremamente competente della materia ma ti posizionerà come esperto di settore e in quanto tale è più portato ad affidarti quello stesso lavoro a costo di pagare una cifra maggiore.

Da un punto di vista di tecniche di vendita, come dice Frank Kern, grande web marketer americano: «La quantità di denaro che le persone sono disposte a darti è direttamente proporzionale al livello di fiducia che ripongono in te».

Questo per dire che il Marketing Formativo e quindi gli stessi contenuti formativi servono proprio a questo fine: aumentare il livello di fiducia tra azienda e potenziale cliente fino a creare una relazione talmente solida da essere duratura nel tempo. Con tanto di risultati in termini di nuovi clienti e quindi di aumento di fatturato.

5.2 Che contenuti regalare per formare i contatti nel tuo settore?

Abbiamo visto come creare rapidamente contenuti formativi, ma molte persone si bloccano sul passaggio della Optin-Page. Non tanto sulla costruzione della pagina, che può essere fatto in 3 click con software come Leadpages e Clickfunnels.

Il problema nasce sui contenuti della Optin-Page e in particolare su cosa regalare agli utenti in cambio dell'email nel proprio specifico settore.

Perché per avere una pagina che converte dal 10% al 50% la strategia che utilizziamo è proprio quella di regalare dei contenuti di alto valore in cambio dell'iscrizione.

Le Optin-Page convertono fino al 50% perché regaliamo contenuti di alto valore in cambio dell'iscrizione.

Ecco alcuni esempi di cosa io regalo ai miei utenti:
– libro Scrittura Veloce 3X su come scrivere un libro
– 3 Video sulla Lettura Veloce e Tecniche di Apprendimento
– Capitolo gratuito del Libro "Posiziona il Tuo Brand"
– 3 pdf su come investire in immobili
– 3 Video su come diventare Coach professionista

Come già sai, ho diverse attività in vari settori: formazione, editoria, immobiliare e marketing. La cosa interessante è proprio la diversità di questi settori. Non cambia assolutamente nulla, funziona in tutti i settori senza alcuna differenza. Le persone possono arrivare qui e scaricare dei miei video gratuiti o dei pdf semplicemente cliccando sul bottone e lasciando il proprio indirizzo email.

Ok, fin qui tutto chiaro, ma... *cosa regalare ai tuoi utenti?*

Anche se è uguale in tutti i settori, la domanda arriva lo stesso. Sul nostro Gruppo Facebook è molto gettonata. Ne arriva una identica ogni giorno. E questo è quello che devi fare: crea del materiale educativo/formativo che insegni ai tuoi contatti tutto quello che c'è da sapere sull'argomento, così da posizionarti come l'esperto e come unica soluzione al loro problema.

Questa è davvero la soluzione definitiva. Rileggila e comprendila a fondo. Come ho già scritto, ti è mai capitato di dover spiegare a voce di cosa ti occupi, perché il tuo prodotto o servizio è utile e che benefici dà? Lascia che sia il tuo prodotto omaggio a farlo per te in automatico.

In qualsiasi settore tu sia, puoi automatizzare tutte le spiegazioni, risparmiare tempo e guadagnare più denaro.

Ti ho già mostrato gli esempi delle mie attività. Adesso ti mostro altri esempi di imprenditori che hanno partecipato al mio Master in Marketing Formativo in aula o che ho personalmente seguito con il Coaching privato o a cui ho dato una mano sul nostro Gruppo privato. Come vedrai seguo questa procedura:

- *Definire bene cosa rende unico il tuo business, in cosa si differenzia.*
- *Definire bene il target del tuo business (sesso, età, cosa cercano).*
- *Creare un pdf che sia utile a quel tipo di persone.*
- *Mostrarsi come esperti del settore attraverso i contenuti del pdf.*
- *Guidare ai tuoi prodotti o servizi.*

Se invece dei pdf usi il formato Video va bene lo stesso. È una scelta personale. Può dipendere dal settore, ma la realizzazione di un video può essere leggermente più complessa per un utente alle prime armi, quindi il pdf va benissimo. Ancora meglio sei i pdf o Video sono più di uno: ad esempio 3 è il numero perfetto. Fare più contenuti omaggio può essere comodo per tenere alta l'attenzione ed educare l'utente nel corso del tempo.

Settore: Ristorante

Target: persone 25/65 che vanno a cena fuori

Regalo: una guida pdf alle 10 esperienze più belle da fare in città

Commento: La maggior parte delle web agency vi consiglierà di regalare un coupon sconto. È la peggior mossa di marketing, perché attirerete persone di basso livello, senza soldi, che non torneranno. Invece dovete lavorare sul posizionamento e sulla vostra unicità. Per questo il ristorante è stato inserito nel pdf come una delle 10 esperienza da fare.

Settore: Viaggi

Target: persone 25/65 che viaggiano e sono in cerca di una meta.

Regalo: una guida pdf ai 10 luoghi nel mondo da visitare

Commento: l'obiettivo è far sognare le persone e dimostrare come un viaggio organizzato in questi posti sia la scelta migliore. Quando andrete a vendere nelle successive email un bel pacchetto con destinazione X avrete la strada spianata. Inoltre costruirete una lista di persone in target, desiderose di viaggiare e in cerca di viaggio. Da evitare anche qui i coupon sconto.

Settore: Servizio Ricorso Multe

Target: persone 18/65 che hanno preso una multa

Regalo: una guida pdf su come si fa il ricorso alle multe

Commento: l'obiettivo è dare alle persone la soluzione immediata al loro problema, permettendo un forte risparmio economico. Il pdf insegna come fare ricorso ma, attraverso esempi e testimonianze, porta l'utente a rivolgersi ad un servizio garantito di professionisti che fanno il ricorso per te. Il servizio è il più caro di tutti i concorrenti, ma una volta educato il potenziale cliente si rivolge al loro studio senza ulteriori confronti. È già fidelizzato.

Settore: Gioiellerie

Target: uomini che cercano un regalo per la compagna. Donne che cercano un gioiello.

Regalo: una guida pdf a come non farsi truffare quando compri un gioiello.

Commento: chi scarica questa guida è 100% in target con il negozio. Sono persone che stanno cercando un gioiello e che formiamo sugli errori da evitare. In questo modo ci si posiziona come gli esperti ed è probabile che i potenziali clienti siano più ricettivi alle offerte del negozio.

Settore: Personal Trainer

Target: persone 20/50 che fanno sport

Regalo: una guida pdf con i 3 esercizi per gli addominali perfetti

Commento: chi scarica la guida è in target, fa sport e sta cercando un risultato specifico. Sarà molto ricettivo alle successive offerte/servizi.

Settore: Agenzia Immobiliare

Target: persone che devono vendere casa

Regalo: una guida pdf a come vendersi casa da soli

Commento: è vero che come agenzia non voglio che le persone si vendano casa da sole. Ma chi scarica la guida è qualcuno che deve vendere casa, quindi il target perfetto. Nella guida spieghiamo delle strategie su come vendersi casa e attraverso esempi e testimonianze guido il cliente a preferire il fatto di rivolgersi ad un certo tipo di agenzie che lavorano in un modo specifico. Qui mostrerò i punti di differenziazione specifici del brand.

Settore: Estetica/Parrucchiere

Target: donne 20/70

Regalo: una guida pdf su come ci si trucca / come acconciarsi i capelli

Commento: anche qui non vogliamo che le persone facciano tutte da sole. Ma la guida ci permette di raggiungere il target perfetto e di posizionarci come esperti del settore. Inoltre ci dà la possibilità di comunicare di essere specializzati in specifici tagli o cure per i capelli (ad esempio, potremmo essere specializzati in extension) e quindi acquisire nuovi clienti.

Settore: Negozio di scarpe eleganti

Target: uomini in cerca di scarpe nuove eleganti

Regalo: una guida pdf agli outfit dei veri gentleman

Commento: in questo caso la prendiamo più alla larga, senza andare su una guida specifica alle scarpe, che è troppo di nicchia. Qui l'obiettivo è coinvolgere tutti gli uomini che vogliono imparare come vestirsi eleganti. Nella guida si dà molta importanza alle scarpe come elemento di eleganza e si spiegano le caratteristiche tecniche che devono avere le scarpe di qualità. Infine si guida all'ecommerce di vendita scarpe.

Settore: Integratori

Target: uomini/donne 20/65

Regalo: una guida pdf ai 3 errori dell'alimentazione

Commento: la guida spiega le differenze tra alimentazione (ciò che mangiamo) e la nutrizione (ciò di cui abbiamo bisogno). Da lì si spiega che l'integrazione non è più una moda ma una vera necessità data dall'importanza di dare al corpo i giusti nutrienti.

Settore: Network Marketing

Target: uomini/donne 18/65 in cerca di un guadagno extra

Regalo: una guida pdf a come costruirsi entrate con il network marketing

Commento: la guida spiega cosa sono le entrate indipendenti dal tempo, cosa è il network, come si guadagna e come costruire una propria rete commerciale. Infine guida alla scelta dei migliori network esistenti in base a dei parametri specifici. Questi parametri portano a scegliere la tua azienda di network.

Settore: Vendita Immobili

Target: investitori immobiliari

Regalo: una guida pdf a come crearsi rendite con gli immobili in affitto

Commento: la guida spiega come si investe, come comprare

immobili a reddito, come gestire gli affittuari. Infine porta al sito della società immobiliare che vende proprio quel tipo di immobili. Al contrario dei metodi tradizionali (agenzie immobiliari e portali immobiliari) qui si acquisiscono nuovi potenziali acquirenti molto velocemente e molto in target, rendendo possibile vendere a prezzi più alti, perché ne ho già trasmesso il valore aggiunto.

Settore: Corsi di formazione

Target: uomini/donne in cerca di miglioramento personale e/o professionale

Regalo: una guida pdf che tratta l'argomento specifico

Commento: in questo caso la procedura è talmente facile che non c'è bisogno di commenti. Il sistema è nato in questo settore e funziona alla grande. Tanto più il corso è di nicchia, tanto più il pdf ti può aiutare a spiegare ai potenziali clienti in cosa sei specializzato e quali risultati gli porterai con il tuo corso.

Settore: Depuratori d'acqua

Target: famiglie che vogliono acqua pulita, niente bottiglie, risparmio

Regalo: una guida pdf alla scelta dell'acqua migliore in termini di caratteristiche

Commento: chi compra i depuratori per casa (osmosi o altro) sono persone molto appassionante che vogliono sapere tutto dell'acqua che bevono. Prima di comprare fanno ricerche accurate. Se tu rispondi a questa esigenza, trovi il target ideale, ti posizioni come l'esperto e lo guidi a scegliere il tuo tipo di prodotto per la depurazione.

Settore: Hotel, B&B, Strutture Alberghiere
Target: persone che viaggiano e sono in cerca di una meta.
Regalo: una guida pdf ai 10 luoghi d'Italia da visitare
Commento: l'obiettivo è far sognare le persone e dimostrare come questi 10 posti sia la scelta migliore. Uno di questi 10 luoghi deve essere il tuo hotel. Quando andrete a vendere nelle successive email un bel pacchetto con destinazione "X", avrete la strada spianata. Inoltre costruirete una lista di persone in target desiderose di viaggiare e in cerca di viaggio. Da evitare anche qui i coupon sconto.

Settore: Tutti gli altri...
Target: persone che vogliono risolvere il problema X e vogliono il

beneficio Y

Regalo: una guida pdf che racchiude le informazioni che queste persone cercano in genere online per risolvere il loro problema e raggiungere il risultato desiderato.

Commento: aiutate le persone. Dategli le informazioni che cercano. Fategli scoprire un modo nuovo di vedere le cose. Ditegli cose che non sanno. E guidateli verso i vostri prodotti e servizi.

Con tutti questi esempi, ora dovrebbe esserti tutto molto più chiaro. Un'ultima cosa importante, anche questa è una domanda molto in voga.

"Ma devo proprio dare tutti i consigli utili o mi devo tenere qualcosa per i prodotti/servizi a pagamento?"

Devi dare il massimo. Non tenerti nulla per dopo. Le persone si accorgono se il tuo pdf è solo una trappola per vendere altro. Vale il principio base: *non avrai una seconda occasione di fare una buona prima impressione.*

Hai solo questo pdf per dimostrare la tua competenza nel settore, per posizionare te o i tuoi prodotti/servizi come unici e differenziati sul mercato, per porti come una persona che dà valore. Quindi sfrutta la tua occasione e giocati il tutto per tutto.

Ma i concorrenti ti copieranno? Sì. Abituati. Vuol dire che sei il migliore. Ci sono web agency che hanno copiato pari pari il mio sistema. Copiano i miei articoli del blog. Copiano tutto. Copieranno anche le idee di pdf che ho dato nella tabella in alto. Le venderanno ai loro clienti. Ma saranno sempre i secondi a lunga distanza da me. E i loro clienti sono solo degli Imprendiglioni che pensando di risparmiare e che si rivolgono ad una web agency senza aver capito nulla di marketing. Verranno spennati. Mi dispiace per loro, ma non è il mio target.

Nei miei 3 video gratuiti trovi le fondamenta di tutto il sistema di Marketing Formativo. Una persona un po' smaliziata potrebbe benissimo costruire il suo sistema senza fare il Master e senza darmi un euro. Nessun problema.

Sarà comunque una persona soddisfatta che ha ottenuto risultati grazie a me. Magari un giorno diventerà mio cliente. O magari parlerà così bene di me che mi porterà comunque nuovi clienti. Se dai valore, torna sempre indietro. Tu dai il massimo.

5.3 Come Automatizzare il Tuo Business al 100%

Hai presente quanto tempo perdi oggi a parlare con i clienti? O a spiegargli perché i tuoi prodotti sono i migliori? L'obiettivo di inviare email ai tuoi contatti è quello di automatizzare questo processo formativo. Ovvero fare in modo che siano le email e i contenuti gratuiti (articoli, video, pdf...) a spiegare al cliente il valore della tua offerta.

In questo modo il cliente arriva da te solo dopo che sa già tutto quello che deve sapere. Sa come lavori, sa quanti vali, sa cosa hai di speciale. Fantastico, no?

Tuttavia il lavoro di scrittura email può essere davvero impegnativo. Te lo posso dire per esperienza. Ogni anno invio più di 50.000.000 di email. Ho accumulato una discreta esperienza nell'invio di email e anche nella scrittura rapida. I risultati di questo lavoro ovviamente sono più che incoraggianti: oltre

6.000.000 di euro di ebook venduti con l'email marketing.

Poi ho fatto una scoperta importante. Per più di 10 anni di seguito ho scritto ogni giorno una newsletter diversa. Credevo che non fosse corretta la procedura di riutilizzare sempre le stesse e quindi ogni giorno, mese dopo mese, anno dopo anno, ero lì a scrivere una nuova email. Ho anche provato a delegare a "esperti di copywriting" esterni ma con scarsi risultati. Poi un giorno ho capito una cosa: la maggior parte delle persone ha un "ciclo di vita" all'interno di una mailing list.

Può durare 3 mesi, 6 mesi, 12 mesi se è molto interessato a quello che proponi. Ma con un'email al giorno è molto raro che superi l'anno di vita. E in ogni caso, per i più fidelizzati (e noi in Bruno Editore ne abbiamo diverse migliaia che ci seguono da parecchi anni) non sarebbe un problema se dopo un anno ricevessero le stesse email.

Pensa a te e a quando ricevi le email di un'azienda: se anche fosse la stessa di un anno prima, di certo non te lo ricordi. Magari non l'avevi neanche letta un anno fa. Oppure non era il momento giusto per interessarsi a quell'argomento. Oppure l'hai letta ma dopo un anno non ricolleghi di certo i contenuti.

Il lavoro di scrittura delle email può essere fatto una volta sola e poi automatizzato nel corso del tempo.

In aiuto di noi imprenditori arriva quindi un software poco conosciuto in Italia che si chiama *"Autoresponder"* (o autorisponditore) che non è altro che una piattaforma online dove schedulare le tue email. Il software le invierà giorno dopo giorno nelle date che tu hai precedentemente programmato.

L'obiettivo è quello di automatizzare le procedure per creare una relazione con i clienti, formare gli iscritti, dare valore e posizionarsi come l'esperto del proprio settore.

Oggi aziende e professionisti sono in crisi perché tentano di fare vendite dirette senza educare i clienti al valore della propria offerta commerciale. Questo è un grande problema perché nella maggior parte dei siti ecommerce e siti aziendali vedrai proposte, offerte di vendita, servizi e richieste di preventivo direttamente fatti a persone che in quel momento sono ancora contatti freddi.

In altre parole, una persona che arriva sul tuo sito deve essere formato, deve sapere chi sei, cosa fai, quali risultati hai ottenuto e perché stai vendendo il tuo prodotto o servizio. Per fare questo hai bisogno di usare un Autoresponder, cioè una piattaforma di email automatiche che in qualche modo educa il contatto all'offerta.

Oggi la vendita diretta di un sito tradizionale converte meno dell'1%. Su 100 visitatori che arrivano ad esempio su un sito ecommerce, solo uno acquista. Parliamo spesso di prodotti a basso costo: 10 euro, 15 euro, 20 euro. Già quando si parla di prodotti da 100 euro o 1000 euro, la conversione scende al di sotto dell'1 per mille.

Questi dati sicuramente non sono incorraggianti per chi vuole creare un'attività online. C'è inoltre un terzo problema e cioè che solo 30 clienti su 100 comprano alla prima email. Ecco perché hai bisogno di una *sequenza di email* per fare il 100% delle vendite sui potenziali acquirenti.

Bisogna quindi necessariamente strutturare un sistema di email marketing per portare a termine gli acquisti, per far sì che le persone diventino clienti e per far sì che chi vuole comprare lo faccia nel tempo.

Supponiamo di avere un nostro sito, che può essere, ad esempio, un sito tradizionale o una Optin-Page, ossia un sito dove le persone possono iscriversi e lasciare la propria email per proseguire nella parte educativa, per ricevere dei video gratuiti, degli ebook gratuiti e così via.

Qual è lo schema da cui partiamo? Le persone che giungono sul nostro sito possono arrivare dai motori di ricerca, dai blog, da siti partner, dalla pubblicità a pagamento, dai social media e da altre fonti esterne. Da dovunque arrivino i tuoi contatti, una volta sul tuo sito, ti lasceranno il loro indirizzo email.

Cosa succede da qui in poi?

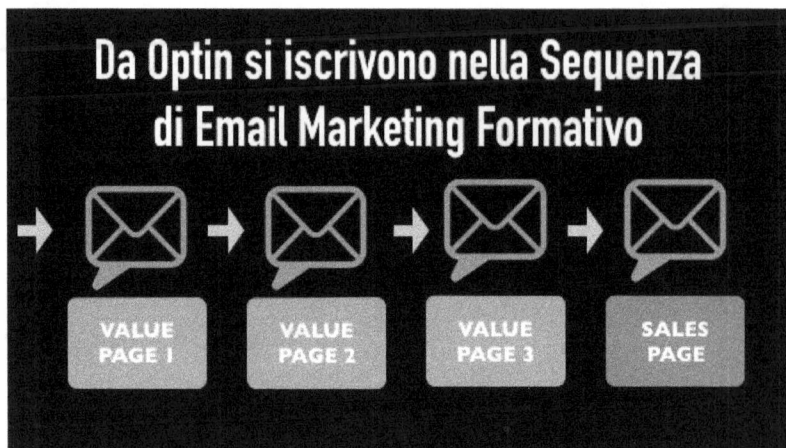

I contatti devono diventare clienti perché non basta avere la loro email per finalizzare l'acquisto del tuo prodotto o servizio. Dalla Optin-Page i contatti passano alle *Value-Page*, ossia alle pagine di valore dove regali alle persone materiale gratuito di alto valore, ad esempio dei video gratuiti, dei pdf, degli ebook o qualcosa che gli possa essere utile per raggiungere il loro obiettivo nel tuo settore.

Infine, da qui passano alla Sales-Page, ossia alla pagina di vendita vera e propria. Si passa quindi da una parte educativa, di valore e di alta qualità fino alla vendita.

Questa è una vera e propria sequenza e per gestire tutti questi passaggi hai bisogno di strutturare una sequenza di email formative. Sequenza vuol dire che quando una persona si iscrive, riceve una prima email che rimanda al video 1, poi una seconda email che rimanda al video 2, poi una terza che rimanda al video 3 e infine un'altra email che rimanda a un'offerta di vendita.

Il modo migliore per gestire questa sequenza è attraverso l'Autoresponder. Io utilizzo *GetResponse.com* che è molto facile da impostare. Hai in pratica un calendario a 30 giorni (e più) e quello che devi fare è decidere quando mandare le email.

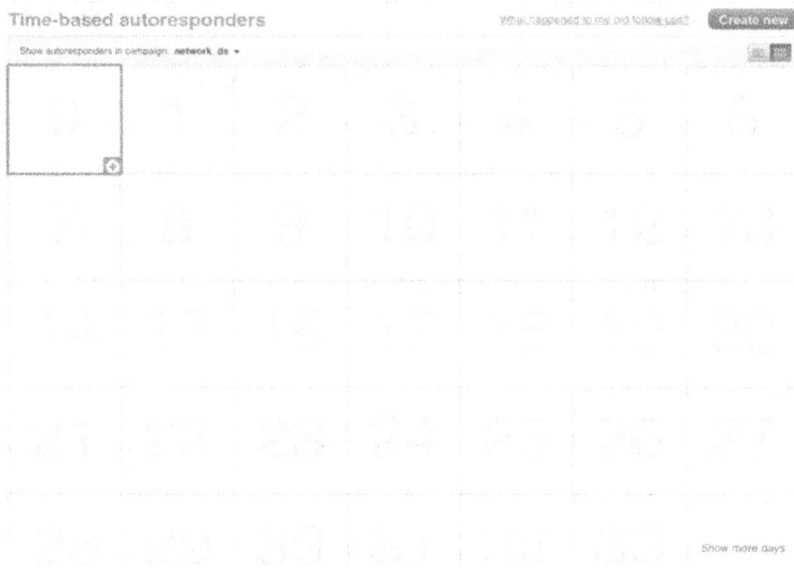

Ad esempio, cliccando al "giorno 0″ ti si aprirà un editor dove puoi inserire il testo della tua email ed inserire il link al primo video della tua sequenza. Dopo aver riempito pian piano il calendario, salvi tutto.

Questa schermata è invece un esempio della sequenza email di LetturaVeloce.net:

[VIDEO 1] Come rendere fluida la lettura

letturaveloce

Status **ON**

TIME-BASED

0   Send immediately, every day of the week

[VIDEO 2] Come superare i 2 problemi di lettura

letturaveloce

Status **ON**

TIME-BASED

2   Send same time signed up, every day of the week.

[VIDEO 3] Aumentare comprensione e memor...

letturaveloce

Status **ON**

TIME-BASED

4   Send same time signed up, every day of the week.

[VIDEO 4] Piaciuti i 3 video? Allora amerete q...

letturaveloce

Status **ON**

TIME-BASED

6   Send same time signed up, every day of the week.

Sulla destra puoi vedere in che giorno verrà inviata l'email. Nel nostro caso puoi notare che da quando una persona si iscrive, ogni due giorni riceverà un nuovo video gratuito, ossia un nuovo link verso la value-page.

È molto interessante questo, perché indipendentemente da quando una persona si iscrive, per lei è il "giorno 0". I tuoi contatti entreranno quindi nella tua sequenza e riceveranno nel primo giorno il video 1, dopo due giorni il video 2, dopo altri due giorni il video 3, dopo altri due giorni il video 4 e così via.

I tuoi contatti saranno quindi inseriti in una sequenza di email predefinita che parte dal giorno zero.

Ti basterà scrivere le email una sola volta e metterle nell'Autoresponder: esse verranno inviate in automatico a scadenze opportune a tutti i tuoi contatti indipendentemente da quando loro si iscriveranno. È tutto automatizzato dal "giorno 0".

Questo non è un concetto facile o intuitivo. È l'esatto contrario rispetto alla classica newsletter di un'azienda, dove ci si iscrive e dopo ogni tot giorni si ricevono le novità in uscita, i nuovi ebook e così via. Quelle email sono scritte una per una, e quel giorno specifico vengono inviate a tutta la lista. Magari è il giorno di Natale e trovi nella tua casella di posta un messaggio da parte dell'azienda contenente un'offerta di Natale. Questa è la newsletter.

Purtroppo la newsletter implica di dovere scrivere continuamente nuove email, nonché dovere pensare a offerte speciali. E ha anche un altro svantaggio: il nuovo utente che si iscrive si trova in mezzo ad una relazione già iniziata con altri utenti e non vive un'esperienza personalizzata su di lui.

Riepilogando la Newsletter:

- Non è automatizzabile
- Va scritta ogni giorno
- Non è personalizzata

Invece l'Autoresponder:

- È automatizzato al 100%
- Scrivi le email una volta ed è per sempre
- È personalizzato per ogni utente
- Parte dal giorno 0

Nel caso dell'autoresponder, infatti, il sistema automatizza tutto dal "giorno 0″. Ad esempio, se ti iscrivi il 13 novembre, per te e solo per te quel giorno sarà il tuo "giorno 0″ e riceverai il primo video. Poi il 15 novembre, riceverai il secondo. Il 17 novembre, il terzo. Il 20 novembre, riceverai un'offerta per comprare un prodotto e così via. Quindi, indipendentemente dal giorno in cui qualcuno si iscrive, quel giorno per il tuo cliente sarà il suo "giorno 0″ e da lì inizerà la sua sequenza di email.

Questo vuol dire che non c'è una persona reale che sta dietro al computer a scrivere l'email. Tu le scrivi una sola volta nel programma, imposti l'autoresponder affinchè invii ogni due giorni email diverse e il sistema farà tutto per te automatizzando il tuo lavoro e formando i tuoi contatti sulle offerte che hai preparato per loro, facendoti quindi risparmiare molto tempo. Puoi automatizzare al 100% le campagne di email marketing per risparmiare tempo e lavoro.

Il sistema dietro l'utilizzo dell'autoresponder è di tipo "evergreen" (sempreverde), cioè funziona sempre indipendentemente da quando ti iscrivi.

Ad esempio, io sono iscritto a tanti autoresponder di diversi web marketer americani e una volta ero convinto che uno di questi mi stesse scrivendo in diretta visto che era un'offerta specifica in una determinata giornata, tanto più considerato che si trattava di un webinar live.

Alla fine ho scoperto, grazie ai commenti pubblicati, che quella sequenza di email era stata scritta ben 3 anni prima. Il punto è che l'autoresponder è talmente efficace e fatto bene che l'utente che si iscrive ha davvero la percezione che dietro al computer ci sia qualcuno che gli abbia scritto l'email che sta leggendo. Incredibile.

Capitolo 6:
Strategie per Alzare i Profitti e
le Vendite

6.1 Aumentare le vendite del 4.100% con il Marketing Formativo

Aumentare le vendite è in genere il primo obiettivo di qualsiasi imprenditore o professionista del mondo del business. Il fatto è che i metodi di vendita tradizionale non funzionano più e in questo capitolo ti mostro come ho aumentato le vendite del 4.100% grazie al Marketing Formativo.

Tutti sanno che la vendita porta a porta o le telefonate a freddo non funzionano più e hanno costi molto elevati per l'impresa. Per questo un sistema di marketing online, interamente automatizzato, che prende contatti freddi e li forma a ciò che vendiamo fa davvero la differenza.

Lo stesso lavoro che siamo abituati a fare dal vivo o al telefono possiamo duplicarlo e sistematizzarlo in uno specifico sistema di marketing. Attraverso questo sistema possiamo aumentare le vendite e acquisire un flusso costante di nuove persone nel nostro business.

Come abbiamo visto, quello che dobbiamo fare è creare del materiale formativo che insegni ai tuoi contatti tutto quello che c'è da sapere sull'argomento, così da posizionarti come l'esperto e come unica soluzione al loro problema.

Quando attraverso Facebook raggiungi dei contatti "freddi" (ovvero persone che non sanno nulla di te e del tuo business, ma semplicemente cliccano su un annuncio per saperne di più su quello che offri), hai finalmente la possibilità di inserirli in un sistema che li istruisca in modo automatico al valore dei tuoi prodotti.

Aumentare le vendite è la naturale conseguenza del Marketing Formativo. Ti faccio un esempio immediato. Quando alcuni anni fa feci la mia prima campagna pubblicitaria su Facebook Ads, investii nel giro di qualche settimana 2.500 euro per pubblicizzare l'ebook di Lettura Veloce sul sito ecommerce di Bruno Editore.

Acquistai circa 11.300 click e vendetti 56 ebook. Una conversione in linea con i siti ecommerce tradizionali di circa lo 0,5%. In realtà è stata una conversione bassa per i nostri standard, visto che su Bruno Editore abbiamo sempre convertito intorno al 2/3%. Però fu comunque un buon risultato, perché quei click venivano da contatti freddi che per la prima volta sentivano parlare di noi o della lettura veloce.

Il ritorno sull'investimento fu in definitiva negativo: 2.500 euro spesi, circa 600 euro incassati. Persi 1.900 euro e smisi di investire soldi su Facebook pensando che NON funzionasse per la vendita diretta.

Ecco i risultati del Marketing Tradizionale:

- Investimento: 2.500 euro
- Visite sul sito: 11.300
- Iscritti: ——
- Clienti: 56 (0,5%)
- Ricavi: 600 euro

- ROI: -76%

Qualche mese dopo, avendo nel frattempo sistematizzato ed elaborato i vari step del sistema di Marketing Formativo, decisi di ritentare ad usare Facebook Ads in una chiave completamente diversa.

Mi resi conto che gli utenti Facebook erano troppo freddi per acquistare subito con buone conversioni. E che per aumentare le vendite era necessario formarli esattamente come ero solito fare con i miei stessi ebook.

Così, invece di approcciarli con la vendita diretta, creai le Optin-Page. Il tutto senza fare alcuna fatica. Non dovetti fare telefonate a freddo né bussare di porta in porta per aumentare le vendite. Nè spendere soldi inutili in pubblicità che non convertiva bene.

Semplicemente creai un sistema basato sul Marketing Formativo che in automatico formasse i nuovi contatti alle tecniche di lettura veloce.

Attraverso il software Autoresponder, che invia in automatico delle email preimpostate ai tuoi iscritti, hai tutto il tempo, giorno dopo giorno, di formarli con calma a quello che stai facendo, aumentando il valore percepito del tuo prodotto. E in definitiva aumentare le vendite.

Come sai, nel caso di Lettura Veloce ho venduto un Master in Lettura Veloce approfondito ad un prezzo medio di 197+iva (con varie versioni da 97 a 297 euro) arrivando ad una conversione dell'1,5%. Quindi non solo avevo triplicato le conversioni rispetto al tentativo di vendita diretta, ma addirittura avevo aumentato il prezzo di vendita medio da 9,97 euro dell'ebook ai 197 euro del videocorso. In questo modo ho potuto aumentare le vendite per un incasso totale di 25.000 euro.

Riconfrontiamo quindi i numeri ottenuti tramite la strategia da 25.000 euro di LetturaVeloce.net con quelli del marketing tradizionale.

Ecco i risultati della mia campagna su Facebook Ads:
- Budget speso: 2.409 euro

- Persone raggiunte: 1.996.157

- Click sul sito: 80.290

- Costo per click: 3 centesimi

- Ricavi: 25.000 euro

- ROI: 1.037%

Ed ecco i risultati del Marketing Tradizionale:

- Investimento: 2.500 euro

- Visite sul sito: 11.300

- Iscritti: ——

- Clienti: 56 (0,5%)

- Ricavi: 600 euro

- ROI: -76%

Quindi il risultato è più che evidente. Da un ritorno sull'investimento negativo del 76% ad un ritorno positivo superiore al 1.000%.

A parità di investimento di circa 2.500 euro, possiamo dire che il ritorno è stato:

- *Marketing Tradizionale: 600 euro (-76%)*

- *Marketing Formativo: 25.000 euro (+1.037%)*

In termini di rapporto tra i due ritorni sugli investimenti (25.000/600) il guadagno è stato ben *41 volte più alto.*

Il sistema di Marketing Formativo ha portato ad aumentare le vendite di un **+4.100%** rispetto al sistema di marketing tradizionale.

6.2 Creare un business scalabile per arrivare a 1.000.000 di euro

Chi non vorrebbe 1.000.000 di euro? Il problema è che sognare non basta. E non basta neanche porsi l'obiettivo di arrivare a quella cifra. Se frequenti un corso di motivazione, ti diranno di scrivere l'obiettivo e poi fare un bel piano d'azione dettagliato per arrivarci. È sicuramente un primo passo, ma non basta.

Come minimo, il piano va anche messo in atto e ci vuole una buona dose di azione massiccia. Purtroppo potrebbe non bastare neanche questo. Nel business, come nella vita, ti imbatterai in tanti contrattempi e in tanti problemi e dovrai continuamente correggere la rotta. E non dovrai mollare mai.

A questo punto dovresti farcela: hai l'obiettivo, hai il piano, stai agendo e stai affrontando con grande carica il tuo percorso. Mi dispiace, ma non basta neanche questo. Perché la verità è completamente diversa:

Ci sono business che NON sono progettati per fare 1.000.000 di euro.

Semplicemente non ci potranno mai arrivare. Hanno dei limiti strutturali, intrinsechi, insuperabili. Lo so, ti ho dato una brutta notizia e forse tu, proprio tu, sei in un business di questo tipo. Uno di quelli che non hanno alcuna possibilità di fare 1.000.000 di euro.

Ma partiamo dall'inizio e vediamo se c'è una speranza. Analizziamo dati e numeri, come uso fare in genere.

Adesso ti mostrerò la formula per guadagnare 1.000.000 di euro con i tuoi prodotti, nel tuo settore. Vedremo anche come approfondire le strategie e personalizzarle al tuo business qualsiasi sia la tua attività e qualsiasi sia il tuo prodotto o servizio di riferimento, che tu sia un imprenditore, un networker, un professionista o più semplicemente una persona che vuole costruirsi delle entrate automatiche. L'obiettivo è quello di automatizzare il tuo business e renderlo profittevole, aumentando margini e fatturato.

Se pensi che questo sistema non sia applicabile al tuo settore, sbagli. Non importa in che settore tu sia o quale attività tu abbia. Ormai ho quasi 20 anni di esperienza nel creare rendite automatiche online.

L'ho applicato a tutte le mie attività di business, dagli ebook, ai videocorsi, ad attività offline come l'attività immobiliare, gli investimenti, il marketing e così via. Ho aiutato persone che hanno negozi fisici, coach e consulenti a presentarsi online e trovare nuovi clienti. Ho lavorato in decine e decine di settori e sappi che c'è sempre un modo per avere successo e per trovare un'opportunità di business.

Vediamo adesso quello che io considero il segreto di ogni settore: *la formula da 1.000.000 di euro.*

Qui non parliamo di fatturato, ma di profitto, utili, margine. Non di fatturato perché il fatturato non è un parametro interessante se poi non ci porta soldi reali nel nostro conto corrente. Puoi anche fatturare 1.000.000 di euro, ma se spendi 1.200.000 non è un grande risultato. L'obiettivo qui è 1.000.000 di euro di profitto.

Prova a rispondere a queste domande. Sono le stesse che faccio ai partecipanti del mio Master in aula che pagano oltre 3.000 euro per partecipare, ma che ai miei corsi trovano uno strumento essenziale, fondamentale ed immediato per capire come pianificare il loro milione di euro di profitto nel proprio settore.

Qual è il tuo prodotto medio più venduto?
Quanto profitto hai su ogni vendita?
Quanti pezzi ne vendi ogni giorno/mese?

Ti faccio un esempio. Nel caso della Bruno Editore vendiamo mediamente 200 ebook al giorno. È il prodotto medio più venduto pur avendo decine di altri prodotti come video-ebook, audio-ebook, videocorsi più approfonditi e corsi in aula. L'ebook ha un valore medio di 9,97 euro, diciamo per semplicità 10 euro. Sulla base di questi valori posso dire di realizzare un certo tipo di fatturato solo dagli ebook per cui so di avere un certo margine su ogni vendita. A questo punto posso calcolare quanti ne posso vendere ogni mese e ogni anno.

Fai la stessa cosa per la tua attività. Se non hai un prodotto specifico ma più prodotti, considera solo un prodotto medio o un prezzo di vendita medio. Ad esempio, se vendi abbigliamento ed hai più prodotti, fai una media del tuo fatturato giornaliero diviso il numero di prodotti che vendi ogni giorno. In questo modo trovi un valore medio.

È un calcolo di massima necessario per capire come strutturare il tuo milione di euro di profitto. Queste sono domande importantissime perché quando i miei corsisti scrivono le loro risposte, si rendono conto di quanto possa essere facile pianificare immediatamente un risultato così importante, da raggiungere entro non più di 12 mesi. Quindi ti ripeto, scrivi perché è davvero importante.

Ecco adesso la domanda cruciale:

Quanti pezzi ne devi vendere per fare 1.000.000 di euro?

Questo è il tuo obiettivo. Questo numero ti permette di capire qual è il risultato cui devi aspirare. Ovviamente se già la tua azienda fa questi numeri, aggiungi uno zero e ragiona sui 10 milioni. O 100 milioni. La procedura è identica.

Durante un corso con T. Harv Eker ho svolto proprio questo esercizio per la mia azienda e ho scoperto che per fare 1.000.000 di euro di profitto avrei dovuto vendere 500 ebook al giorno. Non poco in una Paese come l'Italia dove il 50% della popolazione non legge neanche un libro all'anno.

Solo una volta chiarito l'obiettivo si può creare una strategia per aumentare il numero medio di vendite: ad esempio, se un ordine medio prima era caratterizzato da un solo ebook, poi attraverso una serie di sistemi come l'upselling e il cross-selling, posso portare l'ordine anche a 2-3 ebook aumentando quindi il valore delle vendite.

L'importante è sapere qual è il risultato da raggiungere.

Qui però arrivano anche i problemi: potresti scoprire che per raggiungere l'obiettivo devi fare dei numeri impossibili.

Se ad esempio sei un professionista e vendi i tuoi servizi, allora hai un problema di *scalabilità*.

Te lo spiego con un esempio: se tu sei un consulente, puoi fare un massimo di 6/8 consulenze al giorno. E magari per fare 1.000.000 di euro i numeri ti dicono che hai bisogno di fare 50 consulenze al giorno. Non si può fare. Devi trovare una strada diversa o riorganizzare il tuo business.

Il tuo business è scalabile? Se i numeri aumentano sei in grado di gestirli?

Con un sistema di Marketing Formativo tu puoi portare nel tuo business quanti clienti desideri. 10, 100, 1.000 clienti al giorno. Non ci sono limiti, perché semplicemente li acquisisci con pochi euro da Facebook in maniera automatizzata.

E quindi ti faccio una nuova domanda:

Se io ti portassi 10.000 clienti in un mese, cosa succederebbe al tuo business?

Triplicheresti il tuo fatturato…

…o il tuo business collasserebbe?

Ad esempio, uno dei partecipanti al nostro Master ha visto esplodere il suo business e ha addirittura dovuto interrompere alcune campagne pubblicitarie perché non riusciva a gestire il flusso di clienti troppo grande.

Giusto per darti qualche altro esempio, prendo proprio il business di Bruno Editore: secondo te se vendessi 200 o 500 ebook cambierebbe qualcosa? E se fossero 5.000 ebook al giorno?

Assolutamente nulla. Nessun costo in più. Il sito è automatizzato. Le consegne avvengono in digitale, senza costi. La fatturazione è automatica. Non ho bisogno di assumere nuovo personale. Non cambierebbe assolutamente niente.

E nei corsi in aula? Cambierebbe qualcosa avere 30 persone in aula o 300? Qualche hostess in più, una sala più grande. Non più di 5.000 euro di spese. A fronte di 1.000.000 di euro di incasso in più.

Avere un business scalabile significa non avere limiti di guadagno. Dovendo progettare un business da zero, sarebbe poco saggio creare un'azienda che già in partenza è limitata. Già è difficile avere successo in Italia, ma se ci riesci sii pronto a gestirlo.

Eppure tanti imprenditori creano aziende che già in partenza sono limitate. Quindi tanto vale progettare o riprogettare la tua azienda in modo che sia scalabile e automatizzabile. Si può sempre fare, anche in corsa. L'importante è avere ben chiaro l'obiettivo e conoscere il concetto di scalabilità.

Tornando al nostro consulente, per fare 50 consulenze al giorno deve riprogettare il suo business, aprire tre o quattro nuovi uffici con una decina di altri consulenti e rendere scalabile il suo business. In questo modo, crescendo, potrà aprire altri uffici e non aver alcun limite di crescita in caso di successo. Chiaro? Non è semplice né rapido, ma è una strategia per raggiungere un risultato che, altrimenti, sarebbe impossibile.

Facciamo qualche altro esempio con quello che viene chiamato "*reverse engineering*", cioè un percorso all'indietro.

Partiamo innanzitutto dall'obiettivo di 1.000.000 di euro che equivale a circa 2.700 euro al giorno. Quindi il tuo nuovo obiettivo è quello di fare 2.700 euro al giorno.

Ad esempio, ti occupi di abbigliamento e la media dei capi venduti è di 27 euro; oppure hai un ferramenta e lo scontrino medio è di 5 euro moltiplicato 100 o 1000 pezzi. Oppure hai un negozio online e vendi "N" prodotti da tot euro al giorno. Per 27 euro, ad esempio, potresti aver realizzato un audio-ebook e l'obiettivo è venderne 100 pezzi al giorno.

Partendo da questo risultato e conoscendo le strategie ed i sistemi di lancio e vendita che ti sto insegnando, sai in base alle statistiche che per fare 100 vendite da 27 euro possono servire ad esempio 5.000 click. Per ottenere 5.000 click devi generare almeno 200/400.000 visualizzazioni, che su Facebook Ads costano circa dai 200 ai 400 euro.

Con questo valore, sapendo già il risultato, puoi capire di quanti click e di quante visualizzazioni pubblicitarie hai bisogno, ma puoi anche avere una stima del budget che devi investire in pubblicità per ottenere questo risultato.

Sei disposto a investire 200 euro di pubblicità per ricavare 2.700 euro? È più del 1.000% di ritorno sull'investimento e come vedi sono dati reali. Nel mio corso di LetturaVeloce.net si è verificata proprio questa situazione. Vendo meno pezzi però ad un prezzo più alto dei 27 euro dell'esempio e con una buona conversione, una buona pubblicità, un buon annuncio e pagando poco i click il risultato è maggiore del 1.000%.

Ovviamente in questa strategia bisogna stare attenti ai vari passaggi. Se dai 5.000 click invece di vendere 100 pezzi ne vendi 5 perché hai sbagliato il processo di educazione dei clienti al valore della tua offerta, oppure se per fare 5.000 click non ti bastano 200.000 visualizzazioni ma te ne servono 800.000, a quel punto rischi di spendere migliaia di euro in pubblicità e di generare pochi euro dalle vendite.

Il rischio è quindi di sprecare soldi se non conosci prima le esatte strategie e se non sai valutare bene tutti i passaggi.

Devi fare le giuste analisi e creare i giusti prodotti, se ancora non li hai. Quel che è certo è che la formula per fare 1.000.000 di euro vale in tutti i settori.

Persino se fai il consulente puoi definire una strategia per scoprire quante consulenze devi vendere per raggiungere l'obiettivo del milione di euro. Per fare questo numero di consulenze forse hai bisogno di una squadra di consulenti. Puoi pianificare un progetto per raggiungere un numero di consulenze tale da garantirti il risultato del milione di euro di fatturato.

I problemi da affrontare sono diversi. Innanzitutto quello di avere un sistema pronto e già testato. Devi imparare come creare nuovi prodotti anche partendo da zero e in poco tempo. Devi imparare a fare pubblicità a basso costo perché se la paghi troppo viene meno tutto il sistema.

Infine, devi imparare a convertire bene i contatti in clienti nonché come acquisire contatti velocemente, come trasformarli in clienti attraverso un percorso di relazione, fiducia e di educazione fino a portarli alla vendita. E ovviamente, devi imparare le strategie necessarie per aumentare il prezzo medio di vendita.

6.3 Come triplicare le vendite con una struttura di Upsell e Downsell

Uno degli obiettivi principali dell'imprenditore è quello di trovare strategie innovative per aumentare le vendite. La verità è che esistono due modi immediati per aumentare le proprie entrate: aumentando il numero dei nuovi clienti o aumentando le vendite effettuate sui clienti già esistenti. Ma acquisire anche solo un nuovo cliente è molto più difficile che aumentare le vendite su chi ha già acquistato da noi. Quindi, ora vediamo come triplicare le vendite del tuo business strutturando un sistema di Upsell e Downsell sul tuo funnel di vendita.

Generalmente, per acquisire nuovi clienti hai bisogno di generare più pubblicità. La pubblicità, come ben sai, si paga e come tale è un costo. Se invece hai già una tua base di clienti e riesci ad aumentare il numero di acquisti che questi stessi fanno nel tuo business, ecco che hai raggiunto due importantantissimi obiettivi: aumentare il prezzo medio di vendita (e quindi il tuo fatturato) e per di più a costo zero.

Com'è possibile? Esistono delle strategie complesse che io stesso sto applicando ai miei business e che ti permettono di aumentare le vendite sui clienti già esistenti senza pagare un solo euro in pubblicità.

Hai mai sentito parlare di prodotti di front-end e prodotti di back-end? I prodotti di front-end sono prodotti gratuiti o a basso prezzo che ti permettono di farti conoscere dai tuoi clienti e che ti posizionano come l'esperto e il leader del settore. Come, ad esempio, quelli che regali in cambio dell'email nelle tue Optin-Page.

I prodotti di back-end, invece, sono prodotti ad alto prezzo e ad alto margine che danno il massimo valore aggiunto ai clienti e che creano il vero profitto nel tuo business.

Lascia ora che ti faccia una domanda:
tu ce lo hai un prodotto di back-end?

Che tu ci creda o meno, tanti imprenditori hanno sì un prodotto di front-end ma non hanno uno di back-end e questo porta loro, come dicono gli americani, a lasciare sul piatto la maggior parte dei soldi.

Ad esempio, la mia azienda più famosa, la Bruno Editore, ha migliaia di prodotti di front-end (gli ebook) ma non ha molti prodotti di back-end (ad esempio i corsi in aula). Questo ha sempre rappresentato un problema per l'aumento di fatturato.

Per quanto fossimo bravi a vendere ebook, più di 80.000 all'anno, non era comunque ipotizzabile l'idea di aumentare ulteriormente i numeri in un Paese come l'Italia dove la maggior parte delle persone legge poco (o addirittura non legge proprio).

Ma allora come si fa ad impostare una struttura di vendita capace di aumentare le conversioni e quindi alzare il profitto? Il segreto sta nell'aumentare il prezzo medio di vendita creando un marketing funnel profondo (ossia una struttura di vendita profonda) con prodotti di back-end sempre più costosi dove il prezzo medio di vendita generalmente arriva a metà del funnel.

Il Funnel del Marketing Formativo™
- Visite
- Contatti (Free)
- Clienti (10/100€)
- Clienti (100/500€)
- Clienti (500/5.000€)
Prezzo Medio: 500€

Un ottimo modo per creare prodotti di back-end ad alto costo e ad alto margine consiste nell'aggiungere un'attività consulenziale relativa al tuo settore di riferimento. A tal proposito, soprattutto nel settore dei servizi, esistono due tipologie di prodotti di back-end che prendono rispettivamente il nome di prodotti DWY (*done with you*, fatti con te) e prodotti DFY (*done for you*, fatti per te). Implementare queste due tipologie di prodotti di back-end al tuo funnel può davvero spingere in maniera decisa il tuo fatturato verso l'alto.

Supponiamo che tu sia un esperto nella creazione di siti web aziendali. In questo esempio, il tuo prodotto di front-end potrebbe essere un videocorso in cui insegni passo passo a creare un sito web per la propria azienda in soli 5 giorni. A questo prodotto base, che tipo di prodotti di back-end potresti aggiungere? Volendo implementare quanto detto prima, potresti aggiungere un servizio di consulenza del tipo DWY (done with you) dove cioè l'utente viene assistito da te nella creazione del proprio sito web.

Successivamente, potresti aggiungere un nuovo livello al tuo funnel, creando un altro servizio, questa volta del tipo DFY (done for you), dedicato a tutti quelli che vogliono che sia tu stesso a creare il sito web per la loro azienda.

Volendo ricapitolare, il videocorso dove insegni a creare un sito web aziendale in 5 giorni è il tuo prodotto di front-end (ossia a basso costo, supponiamo 97 euro). Il servizio di consulenza dove assisti l'utente nella creazione del proprio sito web è il tuo prodotto di back-end di medio livello (ossia di costo medio, supponiamo 997 euro).

Il servizio che prevede che sia tu stesso a creare il sito web aziendale per conto loro sarà il tuo prodotto di back-end di alto livello (ossia a costo elevato, supponiamo 5.997 euro). Insomma, in questo esempio hai modo di capire che creare prodotti di back-end è facile e alla portata di tutti, ora che sai come fare.

Inizialmente abbiamo spiegato come in realtà sia possibile aumentare il prezzo medio di vendita partendo dai clienti già esistenti, per di più in maniera estremamente rapida. Tutto ciò è possibile grazie a due tecniche di vendita estremamente potenti ed efficaci che prendono il nome di upsell e downsell.

Si parla di *"upsell"* quando cerchi di vendere ad un cliente che ha appena acquistato da te qualcosa di aggiuntivo. Pensa ad esempio a quando vai da McDonald's o in qualsiasi altro fast food.

Richiedi un hamburger ed ecco cosa ti chiede la cameriera subito dopo: «Vuole anche la bibita e le patatine oltre all'hamburger?». A quel punto puoi decidere di accettare oppure no. Se decidi di accettare, McDonald's, grazie al tuo secondo «Sì», ha appena aumentato il prezzo medio di vendita e quindi il suo fatturato. Prova ora ad immaginare l'incremento che si può generare con questa tecnica, tra l'altro implementabile a costo zero, dal momento che viene applicata a tutte le persone che entrano in tutti i punti vendita McDonald's del mondo.

Cosa succede invece se alla domanda di prima una persona risponde «No, grazie»? A quel punto entra in atto la tecnica del downsell. Si parla di *"downsell"* quando cerchi di vendere ad un cliente che si è appena rifiutato di acquistare un tuo prodotto, un prodotto aggiuntivo meno costoso o in offerta.

Riprendiamo il secondo caso esempio di cui abbiamo già parlato, quello dell'esperto nella creazione di siti web aziendali. Supponiamo che il nostro esperto offra inizialmente ad un cliente di realizzare in prima persona il suo sito web ad un prezzo di 5.997 euro.

Come si comporterà l'esperto nel caso in cui il cliente decida di rifiutare l'offerta? La maggior parte delle persone lascerebbe sfuggire il cliente a mani vuote. Tuttavia, poichè il nostro professionista è a conoscenza della tecnica del downsell e soprattutto poichè ha strutturato un sistema di vendita a tre livelli, decide di modificare la sua offerta proponendo al cliente un servizio di consulenza personalizzata a 997 euro in cui lui e il cliente collaboreranno insieme per creare il sito web aziendale.

Anche in questo caso, cosa farà il cliente? Potrà accettare la proposta oppure decidere di declinare l'offerta. Nel caso in cui il cliente deciderà di declinare anche questa volta l'offerta, l'esperto di siti web non potrà fare altro che scendere ulteriormente di livello e proporre l'ultima tipologia di prodotto a disposizione, quella meno costosa, ossia il videocorso a 97 euro. A quel punto il cliente deciderà se approfittare di quest'ultima possibilità oppure no.

L'esempio appena proposto fa riferimento ad una particolare tipologia di funnel che ho chiamato **Funnel Inverso**.

Prende questo nome perché, a differenza del Funnel Tradizionale che è per sua natura caratterizzato da prodotti o servizi a prezzo crescente (si parte da un prodotto di front-end fino ad arrivare ai prodotti di back-end), il Funnel Inverso parte dalla fine: si inizia ad offrire al cliente il prodotto o il servizio di back-end più elevato (nel nostro esempio, la creazione del sito web ad opera esclusiva del nostro esperto), e in caso di rifiuto da parte del cliente si offre il prodotto o il servizio di back-end meno costoso (la consulenza); infine, se anche in questo secondo caso il tentativo non va a buon fine, si offre il prodotto di front-end a basso costo (il videocorso).

Esiste poi il **Funnel Medio** che parte dal centro. In questo modo ti riservi sia di fare Upsell con prodotti più costosi, sia di fare Downsell di fronte ad un no. Ecco lo schema che io utilizzo nella vendita dei miei prodotti.

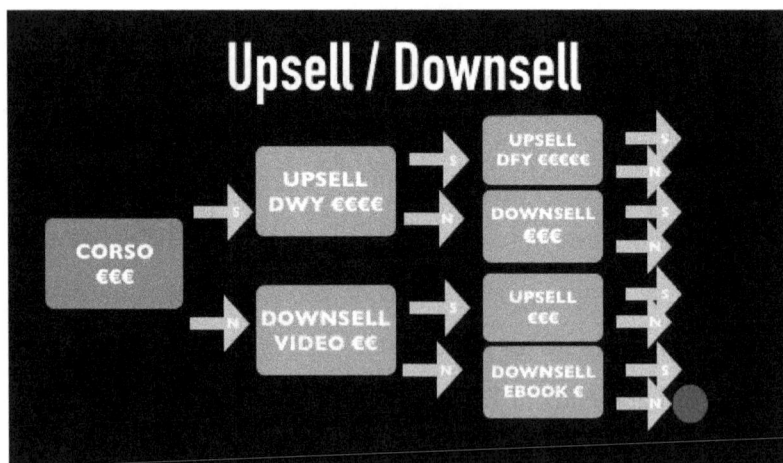

Entro con un prodotto intermedio e se il cliente lo vuole, mi riservo di offrire consulenze e servizi chiavi in mano. In alternativa, vado su prodotti meno cari come i videocorsi o gli ebook.

Insomma, qualunque sia il tuo settore di riferimento e qualunque sia la tipologia di funnel di vendita che intendi implementare (Funnel Tradizionale, Funnel Inverso o Funnel Medio), ricorda che è sempre utile creare prodotti di back-end dall'alto margine perché è proprio grazie all'implementazione di questa tipologia di prodotti nel tuo sistema di vendita che si viene a generare l'aumento incrementale del fatturato della tua azienda e quindi dei tuoi profitti.

Supponiamo ad esempio che tu sia un parrucchiere specializzato nel taglio maschile. In questo caso, il tuo prodotto di front-end è ovviamente il taglio di capelli che i tuoi clienti richiedono quando entrano nel tuo salone. Volendo aumentare il livello di profondità del tuo funnel, come potresti fare? Quali tecniche di marketing utilizzare? Che altri prodotti puoi aggiungere?

Ad esempio, essendo un professionista che è particolarmente bravo nel suo mestiere, potresti benissimo insegnare la tua arte ad altri parrucchieri. Potresti aggiungere un nuovo prodotto creando un videocorso in cui insegni a tagliare i capelli ad altri aspiranti parrucchieri e successivamente aggiungere un nuovo livello al tuo funnel in cui insegni le stesse cose del videocorso, questa volta però dal vivo.

Il videocorso che insegna ad aspiranti parrucchieri a tagliare i capelli è un tuo prodotto di back-end di medio livello (ossia di costo medio, supponiamo 297 euro). Il corso dal vivo che invece sceglieranno tutti coloro che vogliono che sia tu stesso ad insegnare loro dal vivo a tagliare i capelli, sarà il tuo prodotto di back-end di alto livello (ossia ad alto costo, supponiamo 1.997 euro). Come puoi ben capire, il risultato sarà che, aggiungendo nuovi livelli di vendita al tuo funnel (e quindi nuovi prodotti o servizi a prezzo crescente), il prezzo medio di vendita aumenterà incredibilmente. E questo si può applicare davvero a qualsiasi settore, purchè tu sia in grado di differenziarti dai tuoi concorrenti in maniera chiara e univoca.

Capitolo 7:
Come Sbaragliare la Concorrenza

7.1 I segreti del Brand Positioning

Stufo della concorrenza? Il sogno di molti imprenditori e professionisti è quello di surclassare i concorrenti e prendersi il 100% del mercato. Vediamo quali tecniche di marketing utilizzare per farlo in tempi rapidissimi.

Innanzitutto è necessario analizzare il tuo mercato. Ad esempio, per molti anni io ho posseduto l'intero mercato degli ebook. Il 100% del mercato italiano. Parliamo di un periodo molto lungo, dal 2002 al 2012. Poi sono arrivati i grandi editori. Cosa è successo a quel punto?

Qualcosa di fantastico. In quel caso, infatti, l'arrivo della "concorrenza" non ha fatto altro che ampliare il mercato e portare a conoscenza una fetta ancora più grande di pubblico dell'esistenza degli ebook.

Di fatto, i grandi editori hanno sostenuto il mio business e lo hanno allargato. Quindi la prima considerazione da fare è questa che segue.

I concorrenti allargano il mercato e quindi il tuo business.

Pertanto, il reale scopo di questo capitolo non è di evitare che arrivino concorrenti nel tuo settore, bensì quello di sfruttarli a tuo vantaggio. È un po' come una mossa di Aikido, l'antica arte marziale che sfrutta la forza dell'avversario contro se stesso. Invece di respingere i concorrenti, li sfrutti.

Prendi il tuo settore.

- *Chi sono i tuoi concorrenti?*
- *Chi è il leader di mercato?*
- *Chi è al secondo posto?*
- *Tu come sei in classifica?*
- *Quante quote di mercato hai?*

Che tu sia arrivato prima di tutti oppure per ultimo, la domanda più importante è questa:

- *In cosa ti differenzi dai tuoi concorrenti?*

È molto importante che rispondi a questa domanda, perché è questa tua unicità che ti permetterà, attraverso un sistema di Marketing Formativo, di sbaragliare la concorrenza. Se non hai ben chiaro quali sono i tuoi punti di differenziazione rispetto agli altri, pensa alle parole che usi per raccontare ai tuoi clienti quello che fai e qual è il tuo business. O in cosa sono unici i tuoi prodotti. Come comunichi questa differenza ai tuoi potenziali clienti?

Questa stessa cosa che siamo abituati a fare dal vivo o al telefono possiamo duplicarla e sistematizzarla in uno specifico sistema di Marketing Formativo che ti permette di trasmetterla ai tuoi potenziali clienti. Se non sei in grado di trasmettere agli altri cosa differenzia te o la tua azienda rispetto alla concorrenza, allora stai sprecando soldi.

Ricordo quando molti anni fa compresi che era arrivata l'ora di lavorare sul Brand della mia casa editrice. Avevo appena letto il libro "The 22 Immutabile Law of Branding" di Al Ries e Laura Ries e insieme a mia moglie abbiamo deciso di mettere in pratica ognuna delle leggi lì presentate.

La nostra azienda era nata come un sito di formazione gratuita, dal nome e logo "Autostima.net".

Ma negli anni si era allargata a nuove tematiche, ad altre pubblicazioni e a un diverso posizionamento di mercato. Oramai offrivamo una vasta gamma di servizi o prodotti: libri, ebook, videocorsi, dvd, corsi in aula, coaching, corsi privati, corsi aziendali e così via. Quella che in gergo viene definita "estensione di linea".

E quindi decidemmo di lavorare su quattro punti:

- Specializzarci su una sola nicchia: gli ebook.

- Tagliare il resto: corsi al pubblico, corsi aziendali, coaching
- Cambiare nome con uno più adatto e rappresentativo
- Aggiornare il logo e il simbolo dell'azienda

Avere le idee chiare su cosa fare, non vuol dire che sia stato semplice. Tagliare tutta la parte di formazione e di corsi, sia in aula che in azienda, ha significato buttare nel secchio circa il 30% di fatturato. Parliamo di centinaia di migliaia di euro.

Ma la visione era chiara: possedere nella mente del cliente la parola chiave "**ebook**". Essere la prima casa editrice di ebook in Italia. Solo di ebook, nient'altro che ebook. Anche il simbolo scelto per il nostro logo era un potente *visual hammer*, un vero e proprio martello visuale con un concetto chiaro da inchiodare nella mente dei clienti. Non solo un'abbreviazione delle iniziali B.E. (Bruno Editore) ma anche una forma stilizzata dell'ebook stesso. Un vero capolavoro che da anni simboleggia l'ebook in Italia.

E così magicamente Autostima.net è diventata…

Bruno Editore. Ebook per la Formazione.

Il cambio è stato epocale, qualcuno se lo ricorderà bene, perché risale al 2008, quando la maggior parte degli imprenditori italiani neanche sapeva cosa fosse il Brand.

Il successo è stato immediato? Certamente no, un riposizionamento del genere richiede tempo per far abituare al nuovo nome e al nuovo logo. Molti clienti ci chiamavano ancora "Autostima.net". Il passaggio è durato più di 12 mesi. Ma quello da cui abbiamo avuto subito un riscontro positivo è stato il mio rapporto con la stampa e la TV.

Giacomo Bruno
EDITORE

Negli anni successivi, ogni volta che si parlava di ebook, il giornalista di turno faceva le sue ricerche e arrivava a noi. Scattava il contatto e poi l'intervista. Penso di essere stato su tutte le testate più famose (Corriere della Sera, La Repubblica, Il Messaggero, etc) e su tutte le TV nazionali (Rai, Mediaset, LaSette, etc). Ad ogni Fiera del Libro, io ero l'ospite d'eccezione, l'innovativo, l'inventore degli ebook.

Il bello è che l'ebook di certo non l'ho inventato io, esisteva negli Stati Uniti già da anni. Ma sono stato il primo a portarlo in Italia facendone scaricare milioni di copie. E con un lavoro di posizionamento così potente, sono certamente stato il primo a posizionarmi nella mente dei lettori. L'obiettivo era quello, ed ha avuto un ottimo successo. Sono arrivato dieci anni prima degli altri editori e nessuno scalza il n.1 di un settore. Neanche i colossi.

Allo stesso modo, abbiamo lavorato sul brand del nostro sistema di *Marketing Formativo*. Il logo rappresenta pienamente quello che facciamo e il nostro simbolo, il *marketing funnel*, il cosiddetto imbuto del marketing, è un potente visual hammer che trasmette da subito ai clienti che il nostro è l'unico sistema completo che parte dall'acquisizione dei contatti fino alla conversione del cliente finale. Come già spiegato nelle precedenti pagine, la forma dell'imbuto, largo in alto e via via più stretto verso il fondo, rappresenta graficamente l'idea del percorso che i nostri visitatori compiono quando entrano nel sistema di acquisizione clienti.

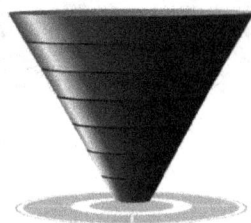

Vi accedono attraverso un punto di ingresso molto esteso: un omaggio, quindi zero euro, alla portata di tutti. Poi attraverso i contenuti di marketing formativo, di alto valore (come video, pdf, articoli) i contatti si trasformano in clienti in un sistema di conversione molto potente.

Attraverso questo sistema abbiamo aiutato nel corso degli anni migliaia di imprenditori a risollevare le proprie aziende dalla crisi e a prosperare con grande successo.

Perché ti ho raccontato la nostra storia e il Brand Positioning dei nostri business? Non per autocelebrazione ma solo per dirti questo:

Il successo della tua azienda dipende dal tuo posizionamento.

- Come sei posizionato?
- Qual è la tua parola chiave?
- In cosa ti differenzi?
- Qual è la tua nicchia di mercato?
- Sei primo in quella nicchia?

Ora ci sono tre possibilità:

- Non hai idea di quale sia il posizionamento della tua

azienda.

- Sai in cosa ti differenzi ma non ci hai mai davvero lavorato sopra.

- Sai di NON essere posizionato e non avere punti di differenziazione.

Questo libro non può sostituire un corso di formazione come il Master in Marketing Formativo o lo studio di decine di libri. Il concetto che voglio passarti è l'importanza di essere consapevoli che il tuo posizionamento fa la differenza.

Se investi su Facebook Ads per pubblicizzare un prodotto mal posizionato, allora stai sprecando tempo e soldi. O perlomeno non stai guadagnando quello che dovresti davvero incassare.

Mi piace essere sempre chiaro e diretto da subito: anche il migliore sistema di marketing non può vendere un prodotto che già ora non si vende. Io ti insegno e ti aiuto a portare nuovi clienti nel tuo business. Un flusso costante di clienti. Senza nessun limite. Ma se il tuo business già oggi non gira bene perché non è ben posizionato, allora non cambierà nulla. Se il tuo prodotto crea

clienti insoddisfatti, allora avrai ancora più clienti insoddisfatti.
Il nostro sistema aumenta i numeri e amplifica i risultati. Se il
prodotto vale zero, allora avrai un milione di zeri. Cioè niente.

Se invece sei un imprenditore serio con un bel prodotto che
funziona, allora avrai un flusso di clienti su quel prodotto. E i tuoi
numeri esploderanno, come è successo già a molti imprenditori.

7.2 Le 5 Leggi del fare esplodere il tuo Brand

Negli ultimi anni, la scelta di una nicchia e la realizzazione di una
forte autorità nel settore sono diventati fondamentali per far
percepire agli acquirenti il valore dei tuoi prodotti, proprio perché
provengono da una persona riconosciuta come esperta e
autorevole. Ti spiegherò ora come individuare la tua nicchia e le
strategie per posizionare il tuo brand.

Ho esposto in maniera approfondita i segreti del Posizionamento
nel mio ebook *Posiziona il Tuo Brand*. Ora voglio riprendere per
te quei concetti e spiegarti come riuscire a trasmettere ciò che sei;
posizionare il tuo brand, infatti, significa proprio questo:
comunicare attraverso strategie efficaci per aumentare il valore

percepito dal consumatore e conquistare una posizione di successo all'interno del mercato.

Ti porto un esempio pratico preso dalla mia personale esperienza di editore. Gli ebook pubblicati dalla nostra casa editrice producono un volume di vendite variabile a seconda della notorietà dell'autore nel suo campo. Questa è una prova di quanto sia importante la percezione che i consumatori hanno rispetto all'autorità personale di chi offre il prodotto e, in questo caso, di chi scrive l'ebook. Il trattamento che il pubblico riserva a un prodotto è questione di percezione.

Per posizionare con successo il tuo brand è fondamentale, quindi, che tu dia la massima importanza alla percezione che il pubblico ha di te.

Per prima cosa è necessario scegliere il tuo brand, associando a te stesso o al tuo prodotto una parola chiave, la *keyword*. Questa deve identificarti e tu devi essere identificato con essa. La keyword ti rappresenta e tu rappresenti ciò che la keyword identifica nella mente del consumatore. La scelta della keyword rappresenta la *Prima Legge del Posizionamento*.

Una keyword nuova, esclusiva, ideata da te può essere posizionata sul mercato più facilmente. Al contrario, una keyword generica e comune incontra maggiori difficoltà, ma il risultato è solido e duraturo.

Ti porto ancora la mia esperienza e il mio caso personale. La Bruno Editore è un caso di relazione biunivoca. Al brand "Bruno Editore" è strettamente associata la keyword "ebook", così quando si pensa alla Bruno Editore vengono in mente gli ebook e, viceversa, quando si pensa agli ebook viene in mente la Bruno Editore. L'associazione è immediata e non solamente per gli autori e i lettori della nostra casa editrice, ma anche per la stampa e la televisione che riconoscono la nostra autorità nel settore.

Questo concetto è molto importante, perché se dei non addetti al settore arrivano a te, per motivi lavorativi o come potenziali clienti, significa che hai saputo creare una buona associazione tra l'argomento e il tuo brand.

Una keyword generica, dunque, ha portato nel nostro caso a un posizionamento stabile e ci ha conferito il primo posto nel nostro settore: siamo esperti, offriamo prodotti di qualità, ci distinguiamo sul mercato.

Non sempre questa associazione con una keyword generica porta al successo. Molto spesso si tratta di parole chiave già utilizzate e sfruttate, quindi per riuscire a distinguerti devi renderti riconoscibile, identificabile. Devi trovare la tua nicchia e ottimizzare il tuo posizionamento in base a questa.

Alcune grandi aziende hanno saputo legare il proprio nome alla keyword al punto da fare del proprio marchio una parola chiave. È il caso eclatante di Kleenex, di Scotch e di Jeep: sono entrate a far parte del nostro lessico quotidiano e noi le utilizziamo al posto di espressioni come "fazzoletto di carta", "nastro adesivo" e "fuoristrada" senza correre il pericolo di non essere compresi.

Arrivare a questo livello significa aver raggiunto un successo importante. Allo stesso tempo, significa avere lavorato bene, nel corso degli anni, sul posizionamento del proprio brand ed essersi costruiti un'autorevolezza senza confronti. Certamente la possibilità di avere a disposizione uno strumento ormai fondamentale come internet, insieme ad un sistema efficace come quello del Marketing Formativo, ha permesso di velocizzare tutto e la conquista del mercato può avvenire in tempi anche molto rapidi.

La prova di quello che ti sto dicendo è costituita da marchi anche molto giovani che, proprio grazie ad internet, hanno conquistato grosse fette di mercato e sono diventate dei colossi: non avevano una lunga storia alle spalle, ma offrivano un servizio innovativo e funzionante, al punto che sono stati gli stessi consumatori a diffonderne il marchio con il passaparola, come nel caso sensazionale di Google.

Per ottenere un certo posizionamento, dunque, la scelta della keyword non deve essere casuale. Ma come fare, nella pratica, a legare in una relazione biunivoca il tuo brand alla parola chiave?

Il segreto sta nell'essere il *first*, il primo della nicchia: questa è la *Seconda Legge del Posizionamento*. Solo chi arriva per primo viene ricordato. Rispondi a questa domanda: chi è stato il primo uomo a sbarcare sulla luna? Armstrong. E chi è stato il secondo?

Per quanto cerchi di ricordarlo, non ti viene in mente. Non c'è spazio per chi arriva secondo, non se ne parla. Solo chi arriva per primo viene associato a un certo settore, a una data nicchia di mercato.

Io stesso ho identificato per la nostra casa editrice una nicchia all'interno del mercato dell'editoria. Nuove case editrici sbocciano, nuovi libri vengono pubblicati ogni giorno, in alcuni casi si riesce a fare entrare i propri libri nelle librerie. Ma un'alta percentuale di queste case editrici non riesce a sopravvivere a lungo. Non volevo che la nostra casa editrice fosse una delle tante, al contrario volevo che si distinguesse, che fosse un punto di riferimento per il lettore. Ho scelto la mia nicchia, quella degli ebook, ed ora ne siamo i protagonisti indiscussi.

Anche in questo caso, la percezione che il cliente ha di te è basilare: non devi essere il primo ad arrivare sul mercato, ma il primo nella mente del cliente.

Il consumatore possiede delle proprie rappresentazioni mentali generate attraverso l'elaborazione di forme, suoni e sensazioni: essere il primo nella tua nicchia significa essere il primo nelle rappresentazioni mentali del consumatore.

Ricordati di questo aspetto, perché è importante se vuoi che il cliente resti fedele a te e alla tua offerta. Se sarai il primo nella sua mente, il cliente continuerà ad acquistare i tuoi prodotti anche quando vorrai aggiornarli e migliorarli nel tempo e i tuoi competitor cercheranno di eguagliarti.

Il lavoro da svolgere è intenso, richiede molta attenzione ai bisogni e alle esigenze del cliente. Devi riuscire ad offrire qualcosa di unico e studiare in anticipo una buona strategia per il suo posizionamento.

Ti porto ancora una volta un esempio pratico tratto dalla mia personale esperienza di editore. Pur non essendo stati i primi ad arrivare sul mercato dell'editoria digitale, siamo stati i primi a rendere il nostro prodotto accessibile e a trattare una vastità di argomenti pur restando nella nostra nicchia, quella degli ebook per la formazione, di cui siamo leader.

Se arrivi per primo e divieni leader del tuo settore lo resti nel corso degli anni, apportando il tuo contributo a migliorare la qualità della vita dei tuoi consumatori.

Ti ho spiegato come i concetti di keyword e first siano fondamentali per diventare leader della tua nicchia. Ma cosa fare se ci sono già altre aziende e altri prodottti nella tua nicchia? Come fai ad essere il primo?

Semplice: crei tu una *nuova nicchia*. Ed è proprio la scelta di una nicchia a rappresentare la *Terza Legge del Posizionamento*.

Il primo concetto che devi tenere in considerazione è quello di "divergenza". La divergenza porta ad una differenziazione, alla creazione di un tuo campo, anche se piccolissimo.

Spesso si parla di convergenza soprattutto per quanto riguarda il mercato tecnologico e sembra davvero che questa rappresenti il futuro. Pensiamo, ad esempio, ai telefoni cellulari che vengono implementati con funzioni sempre più numerose: oltre a telefonare, si può fotografare, si possono effettuare delle riprese e leggere degli ebook; tuttavia, la qualità proposta è quasi sempre inferiore rispetto a quella dei singoli dispositivi creati appositamente ed esclusivamente per svolgere quell'attività: la macchina fotografica, la videocamera, gli ebook reader. Ancora una volta, individuata la tua nicchia, non fermarti, ma continua a specializzarti fino a diventare il massimo esperto nel tuo ambito, quello al quale tutti vorranno rivolgersi.

Nella ricerca della tua nicchia ricorda che se un filone di prodotti funziona già bene, non è detto che i prodotti successivi ottengano lo stesso successo.

Esulo per una volta dalla mia esperienza personale, facendoti un esempio pratico di quello che ti sto spiegando in riferimento al mercato degli *energy drink*. Qual è la prima marca che ti viene in mente? La Red Bull, sicuramente. Questo perché è stata in grado di crearsi dal nulla una nicchia di mercato e di affermare la propria leadership. Naturalmente, esistono altre marche anche importanti, come la Burn, ma a nessuno viene in mente se dico *energy drink*.

La Burn non è riuscita a creare l'associazione biunivoca con la keyword *energy drink*, proprio perché è arrivata in ritardo nel mercato e nella mente dei consumatori.

Fai tesoro, quindi, delle esperienze altrui e trai i giusti insegnamenti. Tu e il tuo prodotto non potete permettervi di arrivare secondi; al contrario, dovete assicurarvi di essere riconosciuti come unici.

In generale, crearsi una nicchia più piccola modificando uno o più parametri funziona bene. Tra le nicchie più note c'è quella creata dalla Polaroid, che ha ricavato un suo spazio più piccolo all'interno del settore, quello della carta fotografica, che era dominato dalla Kodak. In che modo ci è riuscita? Inventando la famosa macchina fotografica a stampa immediata. Ovviamente poi con il digitale il settore è completamente morto.

Per farti altri esempi, alcuni dei nostri autori sono riusciti a costruirsi una loro autorevolezza, a individuare le proprie parole chiave e a crearsi una propria nicchia. Altri ancora hanno lavorato all'interno di una nicchia già esistente.

Un ebook che ha venduto moltissime copie è *Lettura Veloce 3X*. L'argomento era stato già trattato da altri autori, ma io sono riuscito a specializzarmi e a ideare delle nuove tecniche, così ho concepito un metodo e gli ho dato un nome particolare.

Quindi devi partire dal concetto di divergenza per ricavare la tua nicchia all'interno del mercato. Poi scava in essa, specializzati, rendi il tuo prodotto unico. Se il successo non dovesse arrivare, sii pronto ad apportare le modifiche e gli aggiornamenti giusti. La scelta del titolo per il mio ebook si è rivelata fondamentale.

Dopo keyword, first e nicchia, come puoi riuscire a diventare il leader del settore che hai scelto? La tua nicchia e un nome accattivante non ti saranno sufficienti. Devi dimostrare la tua competenza e far emergere la tua autorevolezza.

Parola chiave di questo passaggio è *dimostra l'unicità*: questa rappresenta la *Quarta Legge del Posizionamento*.

Ciò che chiediamo ai nostri autori nel momento in cui ci propongono di pubblicare i loro ebook è dimostrarci quale autorevolezza abbiano nel loro campo. Capirlo da un semplice questionario o da un'email non è un lavoro semplice; proprio per questa ragione abbiamo ideato un modulo ben strutturato in cui l'aspirante autore può dimostrarci di essere qualcuno nel suo ambito, indicandoci le sue esperienze, le sue pubblicazioni, il suo sito web, etc.

Volendo pubblicare materiale di qualità, dobbiamo affidarne la scrittura a personalità che abbiano una determinata esperienza e che, possibilmente, siano già noti al pubblico interessato all'argomento.

Perché ti ho parlato della selezione dei nostri autori? Perché nel posizionamento del tuo brand la logica è la stessa: devi riuscire a dimostrare la tua autorevolezza per essere scelto tra tutte le proposte che il consumatore ha quotidianamente di fronte a sé.

È importante che ti dedichi alla tua visibilità: crea un blog specializzato, scrivi articoli ed ebook sull'argomento, diventa l'esperto che tutti riconoscono come tale. Lavora alla tua visibilità con qualità e intelligenza e, allo stesso tempo, osserva e modella il comportamento delle aziende di maggior successo: in questo modo puoi utilizzare a tuo vantaggio le loro tecniche vincenti.

A questo scopo internet fornisce delle opportunità che tu stesso puoi cogliere per dare il via ai tuoi progetti personali. Naturalmente, puoi sfruttare anche gli strumenti offline per divulgare i tuoi lavori e farti conoscere per ciò che sei e per l'esperienza che hai maturato nel tuo campo.

Attraverso tutte e due queste tipologie di strumenti, online e offline, devi riuscire a mostrare al pubblico la tua competenza vissuta: serviti di racconti, aneddoti, esempi tratti dalla tua esperienza personale, narra la tua storia.

Ricordati che questo è il momento di agire con passione e per aiutare le persone a migliorare la propria vita. Non operare esclusivamente per business o per tornaconto personale: dispensa il tuo aiuto e renderai nota la tua competenza.

Molti dei nostri autori utilizzano il nostro canale di pubblicazione solo per farsi conoscere e magari essere contattati per delle consulenze, poiché i lettori riconoscono in loro esperienza e affidabilità.

Questo è esemplificativo di quanto possa essere importante avere come obiettivo quello di aiutare gli altri, senza pensare a un ritorno economico: dispensando il tuo aiuto, infatti, diffondi anche la tua competenza. E questo conferma quanto ti ho già indicato in precedenza, ossia l'importanza del Marketing Formativo per diffondere i tuoi lavori e far emergere la tua autorità.

Il web è lo strumento principe per ottenere un buon posizionamento. Grazie ai Social Network gli utenti sono diventati attivi, interagiscono, partecipano, commentano e pongono domande. I blog, i forum e i gruppi permettono di costruire delle relazioni online e di contattare le persone molto rapidamente.

I commenti degli utenti, le recensioni dei prodotti, i pareri degli acquirenti viaggiano istantaneamente raggiungendo milioni di persone. Pensa all'importanza di tutto questo: utilizza il web per praticare il Marketing Formativo e sfrutta le opportunità della tecnologia per affermare il tuo brand. Chi non coglie le opportunità offerte dal web resta indietro e difficilmente il suo business riuscirà a sopravvivere.

Anche il mercato dell'editoria vivrà scenari di questo tipo: le case editrici devono capire l'importanza della rivoluzione rappresentata dall'editoria digitale con tutti i suoi vantaggi, a partire dall'abbattimento dei costi.

Ormai da molti anni la Bruno Editore ha scelto la sua nicchia diventando leader nel mercato degli ebook. Finalmente oggi anche altre case editrici stanno scegliendo di entrare in questo mercato e per farlo alcune si sono si rivolte a noi per diversi progetti editoriali. Con il tempo l'editoria digitale prenderà il sopravvento su quella cartacea e tutti gli editori dovranno entrare a far parte di questo mercato, se vogliono rimanere al passo con i tempi.

Anche per te è fondamentale restare al passo con i tempi e cogliere le opportunità del web. Quindi, partecipa attivamente, scrivi articoli e commenti, distribuisci materiale gratuito che riguarda il tuo settore, rispondi a coloro che chiedono aiuto. Lo stesso YouTube, che ospita gratuitamente i video e ha un target vastissimo di utenti, può essere un canale utile a perseguire il tuo scopo.

Ricordati dell'importanza di comunicare con il tuo target di riferimento e del fatto che più sarai focalizzato sul tuo settore, maggiore sarà il successo. Avere il *Focus* sul tuo settore è basilare per non disorientare il pubblico, questa è la *Quinta Legge del Posizionamento.*

Se sei esperto di un certo campo, non lo puoi cambiare repentinamente: andare nella direzione opposta a quella di tua competenza significa commettere un errore e non ottenere il successo sperato. Come ti ho già detto, una volta individuata la tua nicchia, scava ancora, specializzati e diventa l'esperto del settore.

Anche se i tempi cambiano e i mercati evolvono, è bene tenere presente sempre il proprio focus. Torniamo un momento all'esempio di Polaroid e alla sua fotocamera che era diventata ormai obsoleta. Come ha reagito di fronte alle innovazioni tecnologiche? Si è aggiornata, ovviamente, ma non ha mai perso di vista la stampa istantanea, il punto di forza che l'ha resa leader della sua nicchia.

Se il tuo brand è legato a una nicchia non deve uscirne, piuttosto, se si vogliono esplorare nuovi settori di mercato, la strategia da seguire è quella di creare dei sotto-brand, dei marchi separati: in questo modo il marchio originario non viene messo in pericolo e quello di nuova creazione può più facilmente divenire leader della nicchia relativa.

La scelta di tagliare ogni estensione di linea dal tuo brand principale è certamente un sacrificio, ma ti assicuro che sul lungo termine è questa la strategia vincente.

Io stesso ho dovuto tagliare molti servizi e prodotti per potermi dedicare solamente agli ebook. Ti assicuro che non è stato facile rinunciare ai corsi, al coaching, alle aziende e ad altro. Ma è stato necessario per concentrare tutti gli sforzi sul mio progetto di portare gli ebook nei computer e negli ebook reader di tutti gli italiani.

Ricorda questo concetto, perché è basilare: volendo fare tutto, si perde tutto. Specializzandosi in un solo ambito, se ne diventa leader.

Naturalmente, se hai già praticato un'estensione di linea sporcando e indebolendo il tuo brand, puoi sempre rimediare. In che modo? Cercando di capire a cosa ti associano i tuoi clienti e individuando il filo conduttore che lega i tuoi prodotti: come ho già sottolineato all'inizio del capitolo, ciò che importa è la percezione che il pubblico ha di te.

Riassumendo, concentra i tuoi sforzi sul focus che hai scelto, non praticare estensioni di linea con uno stesso brand: rischieresti di indebolirlo. Se vuoi esplorare nuovi settori, crea altri brand distinti da quello originario.

A conclusione di questo capitolo, voglio ribadire con te le Cinque Leggi del Posizionamento:

1. *Prima Legge*: associa te stesso o il tuo prodotto a una keyword in una relazione biunivoca.

2. *Seconda Legge*: sii il first, il primo della tua nicchia. Creati uno spazio di cui essere leader, per arrivare primo nella mente del pubblico e restarlo nei decenni.

3. *Terza Legge*: trova una nicchia, anche se piccolissima, che sia solamente tua e in cui tu possa specializzarti continuamente raggiungendo i risultati migliori.

4. *Quarta Legge*: dimostra l'unicità, ossia dai prova delle tue competenze, racconta le tue esperienze vissute, utilizza il web per diffondere tutto ciò che hai creato. Sfruttalo il più possibile per crearti una reputazione da esperto e guadagnare visibilità.

5. *Quinta Legge*: una volta costruito il tuo brand, non perdere

di vista il tuo focus: più resterai focalizzato e migliori saranno i tuoi risultati.

Ti suggerisco di seguire queste Leggi del Posizionamento per lavorare al tuo Brand: solo prestando la giusta attenzione a questi aspetti e occupandoti del tuo Brand in maniera strategica riuscirai a sfruttare al massimo il sistema di Marketing Formativo, distinguendoti dalla concorrenza e superando le difficoltà del mercato.

Conclusione

IMPRENDITORE [im·pren·di·tó·re/] [sostantivo maschile]: La persona che esercita professionalmente un'attività economica organizzata ai fini della produzione e dello scambio di beni o di servizi. Si occupa delle strategie aziendali, del marketing e della comunicazione strategica.

IMPRENDIGLIONE [im·pren·di·glió·ne/] [sostantivo maschile]: La persona che delega il futuro della sua azienda al ragazzino di turno o alla Web Agency incompetente, senza nessuna garanzia di risultati, senza avere il controllo del marketing, senza capirne i processi. È destinato al fallimento.

Se c'è un messaggio che vorrei ti restasse impresso nella mente dopo avere letto questo libro, è il seguente: *il Marketing è il lavoro degli imprenditori.*

Non è un argomento che puoi rimandare o delegare al ragazzino di turno. Meno che mai alle Web Agency.

E qui devi decidere chi essere: Imprenditore o *Imprendiglione*.

(è un neologismo che ho appena inventato, dalla crasi di due parole. Zero risultati su Google per "imprendiglione". Ma puoi facilmente immaginare cosa significhi e quali siano le due parole in questione.)

E proprio per la massima chiarezza su cosa devi fare, ti ho preparato un piccolo decalogo in forma di domande&risposte, di quello che deve capire e valutare un Imprenditore serio per promuovere il proprio business.

1. Cosa fa un imprenditore?

Si dedica ai numeri. Assume il controllo totale del proprio business, attraverso i numeri. Quanti utenti portare sul proprio business, quanti diventano contatti, quanto diventano clienti. Su ogni passaggio si può ottimizzare e migliorare i risultati.

2. Cosa fa un imprendiglione?

Delega tutto a una Web Agency per farsi creare il sito web e portarlo primo nei motori di ricerca. Senza controllo, senza capire, senza nessuna garanzia di risultati. Anzi, con la certezza di

245

buttare soldi e tempo. Non vuole imparare perché lui non è un tecnico.

3. Non basta rivolgersi ad una web agency e fare il sito web?
NO. La maggior parte delle Web Agency ha competenze generalistiche e non ti possono aiutare. Anzi, rischiano di farti sprecare un sacco di soldi in siti inutili, che non convertono né vendono. Sono davvero poche quelle che si stanno aggiornando al Marketing Formativo.

4. Devo usare il sistema di Marketing Formativo?
SI. È l'unico sistema online che aiuta gli Imprenditori (non gli Imprendiglioni) a portare un flusso di nuovi clienti da Facebook al proprio business.

5. Perchè è necessario?
Perché il marketing tradizionale è morto e un'azienda senza clienti muore in pochi mesi. Questo sistema ti dà il controllo totale su quanti clienti portare nel tuo business.

6. Funziona anche nel mio settore?

Sì, perché non importa quali prodotti o servizi stai commercializzando, siamo tutti nel settore del marketing. L'obiettivo di qualsiasi imprenditore è quello di portare clienti sul proprio business. Con questo sistema funziona in tutti i settori.

7. Quali sono i primi passi per imparare?

Leggi tutti gli articoli del Blog e studia i video gratuiti del sistema di Marketing Formativo che trovi su:

http://www.thesocialmillionaire.it/

8. E poi create voi il sistema per il mio business?

No. Ti ho detto che non devi delegare il futuro del tuo business. Neanche a noi che siamo gli unici esperti di Marketing Formativo in Italia. Sei un Imprenditore e devi imparare a pianificare e gestire il Marketing della tua azienda. Non farti fregare dai guru e dalle web agency che "fanno tutto loro".

9. Se sei così bravo, allora fai tutto tu e ti do il 50% degli incassi, ok?

Questa è proprio una domanda da Imprendiglione. Noi abbiamo già i nostri business e preferiamo il 100%. Devi capire che il valore non è nel prodotto o nell'idea del secolo, ma solo ed esclusivamente nel sistema di marketing che ti porta i clienti (e quindi i soldi). Te lo diciamo con la massima franchezza, se non hai tu l'interesse a investire nel tuo settore, chi mai potrà averlo?

10. E allora come faccio il sistema per il mio business?
Parti dal libro. Il libro è lo strumento che ti conferisce autorevolezza immediata ed è il principale canale per acquisire clienti e farti pubblicità su Facebook. Clicca qui:
https://www.brunoeditore.it

11. E cosa dico alla mia web agency?
Le web agency prima ti fanno spendere un sacco di soldi per crearti il sito e poi ti ricattano a vita per continuare a gestirtelo. Digli di farti quello che hai imparato in questo libro e vedrai che non lo sapranno fare. Questo dimostra che stavi per buttare un sacco di soldi.

12. E se ho bisogno di supporto?
Ci siamo noi. Nel nostro Gruppo Facebook abbiamo alcuni dei migliori esperti d'Italia. Se hai un problema, ci scrivi e ti

aiutiamo. Se hai una soluzione, scrivi anche quella che è utile a tutti. Se ha un risultato, condividilo e ci fa piacere. Siamo una bella community di Imprenditori.

13. Ma tu chi sei?

Dopo più di 200 pagine dovresti averlo capito. Sono un Imprenditore che vive di web dal 1997. Ho avuto a che fare con molte Web Agency. Finché non ho deciso di imparare dai migliori Americani come si fa il marketing online. Ho portato tutte queste strategie in Italia per le mie aziende. E ora le insegno ai colleghi che ne hanno bisogno.

14. Come posso aiutarti in questa missione?

Condividi gli articoli del blog con i tuoi amici su Facebook. Regala questo libro a tutti quelli che conosci. Aiuta i colleghi imprenditori a non farsi fregare. Già questo basterebbe.

Quindi inizia a formarti per la tua indipendenza. Delega a terzi solo la parte operativa e solo dopo che TU hai imparato il mestiere e hai deciso le strategie di Marketing Formativo della tua azienda.

Il mio consiglio è quello di contattare alcuni degli imprenditori e degli autori che hanno pubblicato un libro con Bruno Editore per rilanciare il tuo business. Li trovi qui:

https://www.brunoeditore.it

In questo modo ti puoi fare un'idea concreta di come applicare tutto quello che ci siamo detti qui alla tua azienda.

Fai l'Imprenditore, non l'Imprendiglione.

A presto.

Giacomo Bruno

Lascia una recensione

Ti è piaciuto il libro? Hai trovato qualche spunto interessante?

Lascia una recensione 5 stelle:

https://www.marketing-formativo.it/recensione

☆☆☆☆☆

- **5 stelle** se hai avuto degli spunti utili per il tuo business
- **4 stelle** se non sei del tutto convinto
- **3 stelle** o meno se non ti è piaciuto assolutamente nulla.

Se sei arrivato fino a qui, sono sicuro che avrai apprezzato le strategie che ho deciso di condividere con te, quindi ti sono grato se vorrai condividere anche tu il tuo apprezzamento.

Ti chiedo una recensione onesta, imparziale e vera. Solo così possiamo aiutare altre persone a scegliere correttamente i libri da leggere e a far emergere i libri di qualità. Grazie mille.

https://www.marketing-formativo.it/recensione

Risorse

Scrivi il tuo libro con Bruno Editore:

https://www.brunoeditore.it

Master in Marketing Formativo™:

https://www.marketing-formativo.it

Blog del Marketing Formativo:

https://www.thesocialmillionaire.it

Blog di Giacomo Bruno:

https://www.giacomobruno.it

Libro "Scrittura Veloce 3X":

https://www.scritturaveloce.it

Libro "Bestseller Amazon":

https://www.bestselleramazon.it

www.ingramcontent.com/pod-product-compliance
Lightning Source LLC
Chambersburg PA
CBHW061242220326
41599CB00028B/5515